诗意南洲

阅读读本

孟　玲／主编

东北师范大学出版社

长　春

图书在版编目（CIP）数据

诗意南洲阅读读本 / 孟玲主编. — 长春：东北师
范大学出版社，2020.10
ISBN 978-7-5681-7256-1

Ⅰ.①诗… Ⅱ.①孟… Ⅲ.①阅读课—中小学—教学
参考资料 Ⅳ.①G633.333

中国版本图书馆CIP数据核字（2020）第199588号

□策划创意：刘　鹏
□责任编辑：徐小红　沈　佳　　□封面设计：言之凿
□责任校对：刘彦妮　张小娅　　□责任印制：许　冰

东北师范大学出版社出版发行
长春净月经济开发区金宝街 118 号（邮政编码：130117）
电话：0431-84568115
网址：http：// www.nenup.com
北京言之凿文化发展有限公司设计部制版
北京政采印刷服务有限公司印装
北京市中关村科技园区通州园金桥科技产业基地环科中路 17 号（邮编：101102）
2022年6月第1版　2022年6月第1次印刷
幅面尺寸：170mm×240mm　印张：17.75　字数：234千

定价：45.00元

编 委 会

目录

第一辑　一首古诗　一幅画卷

（诗文篇）

第二辑 一则故事 一个道理

（故事篇）

第三辑　一本好书　一个世界
（好书篇）

第四辑 一个地名 一段历史

（地名篇）

第五辑 一场游戏 一片欢笑

（游戏篇）

第一辑

一首古诗 一幅画卷

（诗文篇）

本辑编辑：胡燕霞

（学生读本·低年级版）

长 歌 行

（汉）乐府诗

青青园中葵，朝露待日晞。
阳春布德泽，万物生光辉。
常恐秋节至，焜黄华叶衰。
百川东到海，何时复西归？
少壮不努力，老大徒伤悲！

理解字词

晞（xī）：晒干。这两句的意思是：园子里，青青的葵菜上沾满了朝露，正等待阳光来把它们晒干。

布：给予。德泽：恩惠。这两句的意思是：温和的春天将阳光和雨露带给了万物，使它们都焕发出了生命的光彩。

常恐：常常担心。焜（kūn）黄：枯黄。华：同"花"。这两句是说：诗人常常担心秋季到来，植物的花叶就要枯黄衰落了。

"百川东到海，何时复西归？"这两句用流水比喻时间，形容光阴一去不复回。

徒：白白地。这两句是全诗的主题，告诫人们在年少时候应该努力，不然的话，等到年纪大了就只有白白地悲伤。

感悟诗魂

《长歌行》是一首中国古典诗歌，属于汉乐府诗。春天的早晨，诗人看到阳光明媚、朝露滋润、万物生机勃勃的景象，心中充满了对大自然的感激。他转而联想到秋天的时候，植物枯黄、花叶衰落的景象。诗人不禁感叹：光阴就像向东流的水一样一去不复回，而人生的少壮时期如果不勤奋努力，等到年纪大了，后悔悲伤都是徒然的。此诗勉励青少年要珍惜光阴，勤奋学习。

七 步 诗

（三国·魏）曹 植

煮豆持作羹，漉菽以为汁。

萁在釜下燃，豆在釜中泣。

本自同根生，相煎何太急？

理解字词

持：用来。

羹（gēng）：用肉或菜做成的糊状食物。

漉（lù）：过滤。

菽（shū）：豆的总称。这句的意思是把豆子的残渣过滤出去，留下豆汁做羹。

萁：豆类植物脱粒后剩下的茎。

釜：锅。

本：原本，本来。

相煎：指互相残害。全诗表达了曹植对曹丕的不满。

何：何必。

领会诗境

锅里煮着豆子，是想把豆子的残渣过滤之后，留下豆汁来做成羹，把豆渣压干做成豆豉。豆茎在锅下燃烧，豆子在锅里哭泣。你我本来是同条根上生出来的，你又怎能这样急迫地煎熬我呢？这首诗用同根而生的萁和豆来比喻同父共母的兄弟，用萁煎其豆来比喻同胞骨肉的哥哥残害弟弟，表现了作者对兄弟相逼、骨肉相残的不满与厌恶。

感悟诗魂

曹植（192—232），字子建，三国时期魏国的著名文学家。曹植是曹操的儿子，哥哥曹丕做了皇帝后，想迫害曹植，命他在七步内作成一首诗，作不成就杀头。于是，曹植在七步之内作成了这首诗，暗中责备哥哥，本是同胞兄弟，何必逼迫太急。

饮酒（其五）

（晋）陶渊明

结庐在人境，而无车马喧。
问君何能尔？心远地自偏。
采菊东篱下，悠然见南山。
山气日夕佳，飞鸟相与还。
此中有真意，欲辨已忘言。

理解字词

结庐：构筑房舍，在这里意为"居住"。

人境：人世间。

无车马喧：没有车马的喧闹声。指没有世俗的交往。

君：陶渊明自谓。

何能尔：为什么能够这样。尔：如此、这样。

悠然：自得的样子。

见：看见，通常读作xiàn。

南山：泛指山峰。一说指柴桑（在今江西九江）以南的庐山。

山气：指山中景象、气息。

日夕：傍晚。

佳：美好。

相与还：相伴而归。

辨：辨识。

真意：指人生的真正意义。

言：名词做动词，用言语表达。

领会诗境

我家建在众人聚居的繁华道路边，但没有世俗交往的纷扰。问我为什么能做到这样呢？只要心态高远、精神超凡脱俗，地方也就变得偏僻安静了。在东边篱笆下采摘菊花，无意中看见了庐山，傍晚山色秀丽，鸟儿结伴而归。这里面有隐居生活的真正意趣，想要分辨清楚，却早已忘了该怎样用语言表达。

感悟诗魂

陶渊明（365—427），晋代大诗人，他的另外一个名字叫陶潜，字元亮。他写的《饮酒》诗共有20首，这是其中的第五首，写诗人在农村里悠然自得的生活。他离开了污浊的官场，心里感到非常清净，虽然住在人来人往的地方，也似乎并没感觉到达官贵人的车马的吵闹；有时候去采采菊花，偶尔抬头看到南山傍晚的景色，心里有一种说不出来的感慨。这首诗表现了陶渊明对当时官场生活的厌恶，对农村淳朴生活的热爱，同时也反映了他超脱世俗追求的思想感情。

赠范晔

（南北朝）陆 凯

折花逢驿使，寄与陇头人。
江南无所有，聊赠一枝春。

理解字词

范晔（yè）：当时著名的历史学家。
驿使：传递书信、文件的使者。
陇头：陇山，在今陕西陇县西北。

领会诗境

折梅花的时候恰好遇到信使，于是将梅花寄给你这个身在陇头的好友（指范晔）。江南也没什么（可以相赠的），且送给你一枝报春的梅花吧。

感悟诗魂

古时赠友诗无数，南北朝诗人陆凯这一首以其短小、平直独具一格，全诗又似一封给友人的书信，亲切随和，颇有情趣。

诗的开篇即点明诗人与友人远离千里，难以聚首，只能凭驿使来往互递问候。而这一次，诗人传送的不是书信，却是梅花，足可见得两人之间关系亲密，已不拘泥于形式上的情感表达。一个"逢"字看似不经意，但实际上却是有心；由驿使而联想到友人，于是寄梅问候，体现了对朋友的殷殷挂念。如果说诗的前

两句直白平淡，那么后两句则在淡淡致意中透出深深祝福。江南并不是一无所有，有的正是诗人的诚挚情怀，而这一切，全凝聚在一枝小小的梅花上。由此可见，诗人的情趣是多么高雅，想象是多么丰富。"一枝春"象征春天的来临，也隐含着对相聚时刻的期待。联想友人睹物思人，一定能明了诗人的慧心。

登幽州台歌

（唐）陈子昂

前不见古人，后不见来者。
念天地之悠悠，独怆然而涕下！

理解字词

幽州台：黄金台，又称蓟北楼，故址在今北京市大兴区，燕昭王为招纳天下贤士而建。

前：向前看。

古人、来者：那些能够礼贤下士的贤明君主。

念：想到。

悠悠：形容时间的久远和空间的广大。

怆（chuàng）然：悲伤的样子。

涕：古时指眼泪。

领会诗境

回头看看哪有古代贤明君主的踪影，放眼望去也不见一个礼贤下士的君主，我真是生不逢时啊。在高远广袤的天地之间，我独自忧伤啊，禁不住泪流满面沾湿了衣襟！

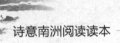

感悟诗魂

　　唐代诗人陈子昂是一位具有政治见识和政治才能的文人，他直言敢谏，对武后朝的不少弊政，常常提出批评意见，因此被"逆党"株连而下狱。他的政治抱负不能实现，反而受到打击，这使他心情苦闷。诗人孤独立于幽州台上，放眼山河，思绪万千。在这蓟北幽州台上，他或许想到了大破齐军的燕国上将军乐毅，或许想到了北征乌桓、临石观海的三国豪雄曹操，而他在武攸宜帐下，竟无用武之地，英雄已远而前途渺茫，那份旷世的孤独，自然就凝成了震撼千古的力作。《登幽州台歌》这首短诗，深刻地表现了诗人怀才不遇、悲怆寂寥的情绪。

秋浦歌（其十四）

（唐）李　白

炉火照天地，红星乱紫烟。
赧郎明月夜，歌曲动寒川。

理解字词

　　秋浦：县名，因为境内有秋浦湖，故名。在现在的安徽省池州市贵池区西，是唐代银和铜的产地之一。

　　炉火：指冶炼炉发出的火光。

　　照天地：形容炉火的明亮，照得天空一片通红。

　　红星乱紫烟：在烟雾里夹杂着红色的火花。

　　赧（nǎn）：脸色羞红。这里形容冶炼工人被炉火映红的脸色。

　　郎：指冶炼工人。

领会诗境

　　熊熊的炉火映红了天空和大地，红星在升腾的紫烟中飞溅。脸膛红彤彤的冶炼工人在月光皎洁的夜晚，一边劳动、一边唱歌，嘹亮的歌声使冰冷的河水都荡漾起来了。

感悟诗魂

李白（701—762），字太白，号青莲居士，唐代伟大的浪漫主义诗人，被后人誉为"诗仙"，与杜甫并称为"李杜"。大约公元753年（天宝十二年）李白漫游到此，写了组诗《秋浦歌》。此篇是其中第十四首。这是一首正面描写和歌颂冶炼工人的诗歌，在我国浩如烟海的古典诗歌中较为罕见，因而极为可贵。

春夜喜雨

（唐）杜　甫

好雨知时节，当春乃发生。

随风潜入夜，润物细无声。

野径云俱黑，江船火独明。

晓看红湿处，花重锦官城。

理解字词

好雨：指春雨，及时的雨。

知：知晓。

乃：就。

发生：催发植物生长，萌发生长。

潜：暗暗地，静悄悄地。

润物：使植物受到雨水的滋养。

野径：田野间的小路。

俱：全，都。

红湿处：指带有雨水的红花的地方。红：红花。

花重（zhòng）：花沾上雨水变得沉重。

锦官城：成都的别称。

领会诗境

好雨似乎领会了人意知道季节变化，正当春天万物生长时降临。细雨随着春风悄悄地在夜里来到，它默默地滋润万物没有一点声音。田野的小路和空中的云彩都是那样漆黑，只有江船上的灯火独独明亮。等到明天拂晓看看被淋湿的花朵，整个成都都显得沉甸甸的，那红花一定更加迷人。

感悟诗魂

杜甫（712—770），字子美，自号少陵野老，唐代伟大的现实主义诗人，与李白合称"李杜"。这首诗写于761年（上元二年）春，此时诗人因陕西旱灾来到四川成都定居已两年。他亲自耕作，种菜养花，与农民交往，因而对春雨之情很深。写下了这首描写春夜降雨、润泽万物的美景的诗，诗中抒发了诗人的喜悦之情。

滁州西涧

（唐）韦应物

独怜幽草涧边生，上有黄鹂深树鸣。

春潮带雨晚来急，野渡无人舟自横。

理解字词

滁（chú）州：今安徽省滁州市。

西涧：在滁洲城西，有人称其为上马河，即今天的西涧湖（原滁州城西水库）。

独怜：独爱，一种对幽草的独情。

黄鹂：黄莺。

深树：树荫深处。

春潮：春天的潮汐。

野渡：荒郊野外无人管理的渡口。

横：指随意漂浮。

领会诗境

河边生长的野草，是那样幽静而富有生趣；河岸上茂密的丛林深处，不时传来黄鹂鸟的叫声，是那样婉转动听。因傍晚下了春雨，河面像潮水一样流得更急了，在那暮色苍茫的荒野渡口，已没有人渡河，只有小船独自横漂在河边上。

感悟诗魂

这是山水诗的名篇，也是诗人韦应物的代表作之一，写于其滁州刺史任上。唐滁州的治所即今安徽省滁州市市区，西涧在滁州城西郊外。这首诗描写了山涧水边的幽静景象及诗人春游滁州西涧赏景在晚潮带雨的野渡所见。表现了作者希望在急剧变化的社会潮流中寻找一点自由和宁静。

乌衣巷

（唐）刘禹锡

朱雀桥边野草花，乌衣巷口夕阳斜。
旧时王谢堂前燕，飞入寻常百姓家。

理解字词

朱雀桥：在金陵城外，乌衣巷在朱雀桥边。

花：此为开花之意，做动词用。

乌衣巷：旧时王谢之家，庭多燕子。

王谢：指王导、谢安，晋相，世家大族，贤才众多，皆居巷中。

领会诗境

朱雀桥边冷落荒凉长满野草野花，乌衣巷口断壁残垣正是夕阳西斜。晋代时王导、谢安两家的堂前燕子，而今却筑巢飞入寻常老百姓之家。

感悟诗魂

刘禹锡（772—842），字梦得，唐代诗人。这是一首怀古诗。作者凭吊东晋时南京秦淮河上朱雀桥和南岸的乌衣巷的繁华鼎盛，而今野草丛生、荒凉残照，感慨沧海桑田，人生多变。以燕栖新巢唤起人们的想象，含而不露；以"野草花""夕阳斜"涂抹背景，美而不俗。语虽极浅，味却无限。

赋得古原草送别

（唐）白居易

离离原上草，一岁一枯荣。

野火烧不尽，春风吹又生。

远芳侵古道，晴翠接荒城。

又送王孙去，萋萋满别情。

理解字词

离离：青草茂盛的样子。原：原野。

枯：枯萎。

荣：繁荣茂盛。

远芳：草。

侵：侵占，覆盖。

晴翠：阳光下翠绿的野草。

荒城：荒凉、破损的城镇。

王孙：本指贵族后代，此指远方的友人。

萋萋：青草长得茂盛的样子。

领会诗境

原野上的青草繁茂，一年一年枯萎了又会繁茂起来。不管烈火怎样无情地焚烧，只要第二年春风一吹，又是遍地青青的野草。蔓延到远方的一片野草，侵占了古老的道路，在晴天里，阳光照耀一片绿色连接着荒城。今天我又来送别老朋友，连繁茂的草儿也满怀离别之情。

感悟诗魂

白居易（772—846），字乐天，号香山居士，是唐代伟大的现实主义诗人。《赋得古原草送别》作于公元787年（唐德宗贞元三年），作者当时实龄未满16岁。诗是应考习作，按科考规矩，凡指定、限定的诗题，题目前必须加"赋得"二字，作法与咏物诗相似。《赋得古原草送别》即通过对古原上野草的描绘，抒发作者送别友人时的依依不舍之情。"野火烧不尽，春风吹又生"赞美了一种顽强向上的生命精神。

夜雨寄北

（唐）李商隐

君问归期未有期，巴山夜雨涨秋池。
何当共剪西窗烛，却话巴山夜雨时。

理解字词

期：期限。
巴山：指大巴山，在陕西南部和四川东北交界处。这里泛指巴蜀一带。
池：水池。
却：再。

领会诗境

你问我什么时候回家，我没有固定的归来时间，今晚巴山下着大雨，雨水涨满了池子。何时你我重新相聚，在西窗下同你一起剪烛夜谈，再来叙说今日巴山夜雨的情境。

感悟诗魂

李商隐（约813—约858），字义山，号玉谿生，又号樊南生。怀州河内（今河南沁阳）人，唐代诗人。这首诗是寄给友人的（也可能是寄给妻子的）。当时诗人在巴蜀，友人（或妻子）在长安，所以说"寄北"。在下雨的夜晚，诗人独自一人在外乘凉不由得想起了好友（或妻子），感慨万千。

官仓鼠

（唐）曹 邺

官仓老鼠大如斗，见人开仓亦不走。

健儿无粮百姓饥，谁遣朝朝入君口？

理解字词

官仓（cāng）：官府的粮仓。

斗（dǒu）：古代容量单位，十升为一斗。

健儿：前方守卫边疆的将士。

谁遣（qiǎn）：谁让。

朝朝（zhāo zhāo）：天天。

君：指老鼠。

领会诗境

官府粮仓里的老鼠，肥大得像量米的斗一样，看见人来开启粮仓也不逃走。守卫边疆的将士没有粮食，辛劳的老百姓正在挨饿，是谁让你们每天把官仓的粮食装到自己的嘴里去的呢？

感悟诗魂

官仓鼠是比喻那些只知道吮吸百姓血汗的贪官污吏，而这些两条腿的"大老鼠"所吞食掉的，当然不仅仅是粮食，还有从百姓那里搜刮来的民脂民膏。尤其使人愤慨的是，官仓鼠造了这么多孽，竟然可以有恃无恐，这必定有人做后台。"谁遣朝朝入君口？"诗人故执一问，含蓄不尽。"谁"字下得极妙，耐人寻味。它有意识地引导读者去探索造成这一不合理现象的根源，把矛头指向了最高统治者，主题十分鲜明，深刻地揭露了这个是非颠倒的黑暗社会。

15

伤田家

（唐）聂夷中

二月卖新丝，五月粜新谷。

医得眼前疮，剜却心头肉。

我愿君王心，化作光明烛。

不照绮罗筵，只照逃亡屋。

理解字词

伤：同情、哀怜的意思。诗题又叫《咏田家》。

粜（tiào）：卖粮食。

剜（wān）却：用刀挖掉。

绮（qǐ）罗：绫罗绸缎。

筵（yán）：丰盛的酒席。

逃亡屋：逃荒农民留下的空屋。

领会诗境

二月里蚕儿刚刚出生，就早早地卖掉了一年的新丝；五月里秧苗还在地里，又早早地卖去一年的新谷。只顾医治眼下的毒疮，也只有剜去自己心上的肉。我但愿君王的心啊，能够变成一支光明的蜡烛，不要再去照亮那穿着绫罗绸缎的富贵人家的筵席，而只是来照看这无衣无食的逃亡庄户的茅屋。

感悟诗魂

《伤田家》是唐代诗人聂夷中的代表作，也是晚唐诗歌创作中的艺术佳品，诗中运用形象生动的比喻和鲜明对比的表现手法，愤怒地控诉了形形色色的高利贷给唐末农民带来的深重苦难，表达了诗人对广大农民的深厚同情。

题 菊 花

（唐）黄 巢

飒飒西风满院栽，蕊寒香冷蝶难来。
他年我若为青帝，报与桃花一处开。

理解字词

飒飒：风声。

蕊：花心儿。

青帝：春神。古代传说中的五天帝之一，住在东方，主行春天时令。

报：告诉，告知，这里有命令的意思。

领会诗境

菊花在飒飒西风中栽满园中，花蕊香寒味冷蝴蝶也不敢来。将来我要是当了分管春天的天神青帝，就要改变自然规律，叫菊花也在春天开放，好与桃花争奇斗艳。

感悟诗魂

《题菊花》是唐末农民起义领袖黄巢创作的一首诗，这首诗不同凡响之处在于它展开了充满浪漫主义激情的大胆想象：一旦自己成为青帝（春神）就要让菊花与桃花一同在大好春光中开放，让菊花也同样享受到蕊暖香浓、蜂蝶绕丛的欢乐。这种对不公平"天道"的大胆否定和对理想中的美好世界的热烈憧憬，集中地反映出诗人超越封建文人价值观念的远见卓识和勇于掌握、改变自身命运的胆略。

画 眉 鸟

（北宋）欧阳修

百啭千声随意移，山花红紫树高低。
始知锁向金笼听，不及林间自在啼。

理解字词

啭：鸟声婉转。

树高低：树林中的高处或低处。

金笼：贵重的鸟笼。

领会诗境

作者来到树林里，看见画眉鸟在开满红红紫紫山花的枝头自由自在地飞翔，听到它们在高高低低的树梢上尽情愉快地唱歌，不由得感慨道：如果把它们锁起来，即使是锁在金笼里，它们也不会唱出这样美妙的歌声了。因为自由是生活愉快的先决条件，鸟是这样，人不也是这样吗？

感悟诗魂

欧阳修（1007—1072），字永叔，别号醉翁，北宋杰出文学家。他少年时，家中买不起写字的纸和笔，母亲就用芦秆画地教他识字，经过刻苦学习，他后来终于成了当时的文坛领袖。

本篇借咏画眉鸟以抒发自己的性灵。画眉、百舌都是声音婉转的鸣禽，这里以"锁向金笼"与之对比，更见出诗人挣脱羁绊、向往自由的心理。诗人本在朝为官，后被贬为滁州知县。诗歌前两句写景：画眉鸟千啼百啭，一高一低舞姿翩

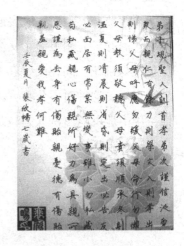

翩，使得嫣红姹紫的山花更是赏心悦目。后两句抒情：看到那些关在笼里的鸟儿，真羡慕飞啭在林间的画眉鸟，自由自在，无拘无束。这里也要了解的是，作者欧阳修此时因在朝中受到排挤而被贬到滁州，写作此诗的心情也就可想而知了。

登飞来峰

（北宋）王安石

飞来山上千寻塔，闻说鸡鸣见日升。
不畏浮云遮望眼，自缘身在最高层。

理解字词

飞来峰：浙江绍兴城外的宝林山。古代传说此山自琅琊郡东武县（今山东诸城）飞来，得名。

千寻：极言塔高。古以八尺为一寻，形容高耸。

不畏：反用李白《登金陵凤凰台》"总为浮云能蔽日，长安不见使人愁"句意。

浮云：暗喻奸佞的小人。

眼：视线。

缘：因为。

最高层：最高处。又喻自己是皇帝身旁的最高决策层。

领会诗境

飞来峰顶有座高耸入云的塔，听说鸡鸣时分可以看见旭日升起。不怕层层浮云遮住我那远眺的视野，只因为我站在飞来峰顶，登高望远心胸宽广。

感悟诗魂

王安石（1021—1086），字介甫，晚号半山，小字獾郎，封荆国公，世人又

称他王荆公。宋临川人（今江西省抚州市东乡区上池村人）。北宋杰出的政治家、思想家、文学家、改革家，"唐宋八大家"之一。《登飞来峰》为王安石30岁时所作。皇佑二年（1050）夏，他在浙江鄞县（现为鄞州区）知县任满回江西临川故里时，途经绍兴，写下此诗。这首诗是他初涉宦海之作。诗人此时年少气盛，抱负不凡，正好借登飞来峰抒发胸臆，寄托壮怀。此诗反映了诗人高瞻远瞩、不畏困难的豪迈气概和坚强意志。

春 游 湖

（北宋）徐 俯

双飞燕子几时回？夹岸桃花蘸水开。

春雨断桥人不度，小舟撑出柳阴来。

理解字词

夹岸：两岸。

蘸水：碰到了湖水

断桥：把桥面淹没了。

度：与"渡"同义，通用。

领会诗境

双飞的燕子啊，你是什么时候回来的呢？湖边的桃花就像是沾着水开放的。在那小桥上，由于春水上涨，游人不能过去了，正在犯愁的时候，恰好从那柳荫深处，撑出一只小船来。

感悟诗魂

徐俯（1075—1141），北宋诗人，字师川，据说七岁时就能写诗。这首诗描写春天游湖时所见的景色，诗中有双飞的燕子、红艳艳的桃花、碧绿的杨柳、盈盈的春水、雨后的断桥、摆渡的小舟。形象鲜明，色彩绚丽，真是水乡春天的一幅动人图画！

饮湖上初晴后雨（其二）

（北宋）苏 轼

水光潋滟晴方好，山色空蒙雨亦奇。
欲把西湖比西子，淡妆浓抹总相宜。

理解字词

潋滟（liàn yàn）：水面波光闪动的样子，就好像水要溢出。

方好：正显得美。

空蒙：细雨迷蒙的样子。

西子：西施，春秋时代越国有名的美女，原名施夷光，居古代四大美女（西施、王昭君、貂蝉、杨玉环）之首。家住浣纱溪村（在今浙江诸暨市）西，所以称为西施。

相宜：也显得美丽动人。

领会诗境

在灿烂的阳光照耀下，西湖水微波粼粼，波光艳丽，看起来很美；雨天时，在雨幕的笼罩下，西湖周围的群山迷迷蒙蒙，若有若无，也显得非常奇妙。想要把西湖比作美女西施，淡妆浓抹都是那么的美丽多娇。

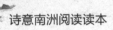

感悟诗魂

苏轼（1037—1101），字子瞻，号东坡居士，北宋眉山人，是著名的文学家，唐宋八大家之一。他学识渊博，多才多艺，在书法、绘画、诗词、散文各方面都有很高造诣。这是一首赞美西湖美景的诗，也是一首写景状物的诗，写于诗人任杭州通判期间。杭州美丽的湖光山色冲淡了苏轼内心的烦恼和抑郁，也唤醒了他内心深处对大自然的热爱。

泗州东城晚望

（北宋）秦 观

渺渺孤城白水环，舳舻人语夕霏间。
林梢一抹青如画，应是淮流转处山。

理解字词

泗州：旧城在淮水边上，又称泗州临淮郡，在今江苏省盱眙县西北，清代康熙年间（1662—1722）已沉入洪泽湖。

渺渺：水远的样子。

白水：指淮河。

舳舻：指船。舳，船后舵；舻，船头。

夕霏：黄昏时的云气烟雾。

淮流：淮水。

转处山：指相州南山。

领会诗境

遥望白水环绕着孤单的泗水城，呈现一片迷蒙的景色。船上的人在水面烟雾间谈着话。树梢上露出一片青色，像画上去的一样，应该是淮水转弯地方的青山吧。

感悟诗魂

《泗州东城晚望》是北宋大诗人秦观的作品，该诗体裁为七言绝句。诗中主要描述了夕阳西下之后的景色，表现了诗人向往一种朦胧而不虚幻、恬淡而不寂寞的境界。

病 牛

（北宋）李 纲

耕犁千亩实千箱，力尽筋疲谁复伤？
但得众生皆得饱，不辞赢病卧残阳。

理解字词

箱：通"厢"，粮仓。

伤：怜悯，同情。

但得：只要能让。

众生：百姓。

不辞：不推辞。

赢：瘦弱。

残阳：快要下山的太阳。

领会诗境

拉犁耕地千亩万亩，装满粮仓千仓万仓，劳苦功高无人赞赏，筋疲力尽无人感伤。但为了众生都能够吃饱，即使拖垮了病倒卧在残阳之下，也在所不辞。

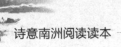

感悟诗魂

《病牛》这首诗是李纲于宋高宗绍兴二年（1132年）在鄂州所作。作者屡次被谪，疲惫不堪，却耿耿不忘抗金报国，想着社稷，念着众生，因此其笔下力尽筋疲、无人怜惜而不辞羸病、志在众生的老牛即诗人形象的化身。

夏日绝句

（宋）李清照

生当作人杰，死亦为鬼雄。
至今思项羽，不肯过江东。

理解字词

人杰：人中的豪杰。汉高祖曾称赞开国功臣张良、萧何、韩信是"人杰"。

亦：也。

鬼雄：鬼中的英雄。屈原《国殇》："身既死兮神以灵，子魂魄兮为鬼雄。"

项羽（前232—前202）：秦末下相（今江苏宿迁）人。曾领导起义军消灭秦军主力，自立为西楚霸王。后被刘邦打得大败，突围至乌江（在今安徽和县），因无颜见江东父老，自刎而死。

江东：项羽当初随叔父项梁起兵的地方。

领会诗境

活着的时候应该作为人中豪杰，就是死了也要成为鬼中的英雄。直到今天人们还在思念项羽，他在惨遭失败之时，宁可自杀也不逃回江东。

感悟诗魂

李清照，（1084—约1155），号易安居士，宋代女词人。李清照诗借用西楚霸王项羽失败后不肯苟且偷生，最后乌江自刎的历史故事来讽刺南宋小朝廷的投降逃跑主义，表达了希望抗战、恢复故土的思想感情。其中，"生当作人杰，死亦为鬼雄"两句，尤其铿锵有力。

秋夜将晓出篱门迎凉有感

（南宋）陆 游

三万里河东入海，五千仞岳上摩天。

遗民泪尽胡尘里，南望王师又一年。

理解字词

将晓：天将要亮了。

篱门：竹子或树枝编的门。

迎凉：出门感到一阵凉风。

三万里：长度，形容河的长，是虚指。

河：指黄河。

仞（rèn）：古代计算长度的一种单位。

岳：指北方泰、恒、嵩、华诸山，一说指东岳泰山和西岳华山。

摩天：碰到天。摩：摩擦、接触。

遗民：指在金占领区生活却认同南宋王朝统治的人民。

胡尘：指胡人骑兵的铁蹄践踏扬起的尘土，指金朝的暴政。

王师：指宋朝的军队。

领会诗境

秋天夜里，天快要亮了，走出篱笆门感到迎面吹来的凉风不禁十分伤感。三万里黄河东流入海，五千仞山高耸接青天。铁蹄下遗民欲哭无泪，又一年盼望官军收复失地。

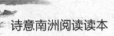

感悟诗魂

陆游（1125—1210）字务观，号放翁，南宋文学家、史学家、爱国诗人。这是一首爱国主义诗篇，作于1192年（宋光宗绍熙三年）的秋天，陆游当时在山阴（今浙江省绍兴市）。南宋时期，金兵占领了中原地区。诗人作此诗时，中原地区已沦陷于金人之手六十多年了。此时爱国诗人陆游被罢斥归故

乡，在山阴乡下向往着中原地区的大好河山，也惦念着中原地区的人民，盼望宋朝能够尽快收复中原，实现统一。

宿新市徐公店（其二）

（南宋）杨万里

篱落疏疏一径深，树头花落未成阴。
儿童急走追黄蝶，飞入菜花无处寻。

理解字词

新市：地名，今浙江省湖州市德清县新市镇。杨万里迷恋新市的酒，痛饮大醉，留住新市徐公店。

徐公店：姓徐的人家开的酒店。公：古代对男子的尊称。

篱落：篱笆。

疏疏：稀稀疏疏。

径：小路。

深：深远。

树头：树枝头上。

花落：新绿。

未：没有。

阴：树叶茂盛浓密。

急走：奔跑、快追。

黄蝶：黄色的蝴蝶。

寻：寻找。

领会诗境

在稀稀疏疏的篱笆旁，有一条小路伸向远方，路旁树上的花已经凋落了，而新叶却刚刚长出，还没有形成树荫。儿童们奔跑着，捕捉翩翩飞舞的黄色的蝴蝶，可是黄色的蝴蝶飞到黄色的菜花丛中，孩子们再也找不到它们了。

感悟诗魂

《宿新市徐公店（其二）》是一首七绝，其作者为南宋诗人杨万里。这首诗展现了一幅乡村的美好画面，写出了童真童趣，抒发了作者对田园生活的向往。

四时田园杂兴（其四十四）

（南宋）范成大

新筑场泥镜面平，家家打稻趁霜晴。

笑歌声里轻雷动，一夜连枷响到明。

理解字词

四时：四季。

杂兴：杂感。

霜晴：霜后的晴天。

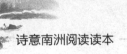

连枷：打稻脱粒用的农具。

明：天亮。

领会诗境

新造的场院地面平坦得像镜子一样，家家户户趁着霜后的晴天打稻子。农民欢笑歌唱着，场院内声音如轻雷鸣响，农民挥舞连枷打稻子的声音一直响到天亮。

感悟诗魂

《四时田园杂兴》是南宋诗人范成大退居家乡后写的一组大型的田园诗，分春日、晚春、夏日、秋日、冬日五部分，每部分各十二首，共六十首。诗歌描写了农村春、夏、秋、冬四个季节的景色和农民的生活，同时也反映了农民遭受的剥削以及生活的困苦。这首诗写的是秋天收获后打谷子的场景，表达了作者对丰收的喜悦和对劳动的赞美。

过零丁洋

（南宋）文天祥

辛苦遭逢起一经，干戈寥落四周星。

山河破碎风飘絮，身世浮沉雨打萍。

惶恐滩头说惶恐，零丁洋里叹零丁。

人生自古谁无死，留取丹心照汗青。

理解字词

遭逢：遭遇到朝廷选拔。

起一经：指因精通某一经籍而通过科举考试得官。文天祥在宋理宗宝祐四年（1256）以进士第一名及第。

干戈：两种兵器，这里代指战争。

寥落：荒凉冷落。南宋亡于本年（1279），此时已无力反抗。

四周星：四年。从德祐元年（1275）正月起兵抗元至被俘恰是四年。

风飘絮：运用比喻的修辞手法，形容国势如柳絮。

雨打萍：比喻自己身世坎坷，如同雨中浮萍，漂泊无根，时起时沉。

惶恐滩：在今江西万安赣江，水流湍急，极为险恶，为赣江十八滩之一。宋端宗景炎二年（1277），文天祥在江西空阬兵败，经惶恐滩退往福建。

零丁洋：又作"伶仃洋"，现在广东省中山南的珠江口，文天祥于宋末帝赵昺祥兴元年（1278）十二月为元军所俘，囚于战船中，次年正月，元军都元帅张弘范攻打崖山，逼迫文天祥招降坚守崖山的宋军统帅张世杰。于是，文天祥写了这首诗。零丁：孤苦无依的样子。

丹心：红心，比喻忠心。

汗青：古代在竹简上写字，先以火炙烤竹片，以防虫蛀。因竹片上水分蒸发如汗，故称书简为汗青，也作杀青。这里特指史册。

领会诗境

我一生的辛苦遭遇，都开始于一部儒家经书，从率领义军抗击元兵以来，经过了四年的艰苦岁月。祖国的大好河山在敌人的侵略下支离破碎，就像狂风吹卷着柳絮零落飘散；自己的身世遭遇也动荡不安，就像暴雨打击下的浮萍颠簸浮沉。想到之前兵败江西，（自己）从惶恐滩头撤退的情境，那险恶的激流、严峻的形势，至今还让人惶恐心惊；想到去年五坡岭全军覆没，身陷敌手，如今在浩瀚的零丁洋中，只能悲叹自己的孤苦伶仃。自古人生在世，谁没有一死呢？为国捐躯，死得其所，让我留下这颗赤诚之心光照青史吧！

感悟诗魂

文天祥（1236—1283），南宋爱国诗人，字履善，又字宋瑞，号文山，庐陵（今江西省吉安市）人。南宋末年，全力抗敌，兵败被俘，始终不屈于元人的威逼利诱，最后从容就义。他后期的诗作主要记述了抗击元兵的艰难历程，表现了坚贞的民族气节，慷慨悲壮，感人至深。这首诗是他被元军俘虏的第二年（1279）正月过零丁洋时所作。诗中概述了自己的身世命运，表现了

慷慨激昂的爱国热情、视死如归的高风亮节以及舍生取义的人生观，是中华民族传统美德的最高表现。

墨 梅

（元）王 冕

吾家洗砚池头树，朵朵花开淡墨痕。
不要人夸好颜色，只留清气满乾坤。

理解字词

墨梅：用墨笔勾勒出来的梅花。

吾家：我家，因王羲之与王冕同姓，所以王冕便认为王姓自是一家。吾（wú）：我，自己。

洗砚池：写字、画画后洗笔洗砚的池子。王羲之有"临池学书，池水尽黑"的传说。这里化用了这个典故。

池头：池边。头：边上。

淡墨：水墨画将墨色分为四种，如清墨、淡墨、浓墨、焦墨。这里是说那朵朵盛开的梅花，是用淡淡的墨迹点化成的。

痕：痕迹。

清气：梅花的清香之气。

满乾坤：弥漫在天地间。满：弥漫。乾坤：天地间。

领会诗境

我家洗砚池边有一棵梅树，朵朵开放的梅花都显出淡淡的墨痕。不需要别人夸它的颜色好看，只需要梅花的清香之气弥漫在天地之间。

感悟诗魂

这首诗表面上是赞美梅花的精神，实际上写出了作者不向世俗献媚的胸襟气质和坚贞纯洁的情操。抒发了作者对流俗的鄙视，也体现了作者坚贞自守的高尚情操。

寻胡隐君

（明）高 启

渡水复渡水，看花还看花。
春风江上路，不觉到君家。

理解字词

寻：寻访。

胡隐君：姓胡的隐士。

领会诗境

一路上渡过了一道水又一道水，河边路旁长满了看也看不尽的鲜花。因为一路上春光明媚、风景优美，我不知不觉就来到您家了。

感悟诗魂

高启（1336—1374），字季迪，自号青丘子，元末明初著名文学家。这首诗写诗人去访问一个隐士。诗中并没有写这个隐士的生活面貌，而只是描写了隐士所处的幽美环境。一道道的流水，到处盛开的鲜花，江南水乡的春天构成了一幅优美的画面。

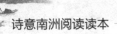

石灰吟

（明）于 谦

千锤万凿出深山，烈火焚烧若等闲。

粉骨碎身浑不怕，要留清白在人间。

理解字词

吟：吟颂。古代诗歌体裁的一种名称。

千锤万凿：无数次的锤击开凿，形容开采石灰非常艰难。千、万：指撞击次数多，不是实指一千、一万。锤，锤打；凿，开凿。

若等闲：好像很平常的事情。若：好像、好似；等闲：平常，轻松。

清白：指石灰洁白的本色，又比喻高尚的节操。

领会诗境

石头经过多次撞击才能从山上开采出来，它把烈火焚烧看成平平常常的事。即使粉身碎骨也毫不惧怕，甘愿把一身清白留在人世间。

感悟诗魂

《石灰吟》是明代民族英雄、政治家于谦的一首托物言志诗。此诗因反映了诗人廉洁正直的高尚情操而脍炙人口，作者以石灰做比喻，表达自己为国尽忠、不怕牺牲的意愿和坚守高洁情操的决心。这首诗的价值就在于处处以石灰自喻，咏石灰即咏自己磊落的襟怀和崇高的人格，表达自己要像石灰一样，不怕艰难、不惜牺牲、坚守清白，决心在艰苦中磨炼，准备为社会贡献自己全部力量的远大抱负。

燕子矶口占

（明）史可法

来家不面母，咫尺犹千里。

矶头洒清泪，滴滴沉江底。

理解字词

燕子矶：现在的江苏省南京市北观音山上，一巨石探出大江形如飞燕，所以称作"燕子矶"。

口占：作诗时不用草稿，随口吟诵而成。

来家：指到家的所在地南京，实际并未到家。

咫（zhǐ）尺：比喻距离非常近。

犹：像。

领会诗境

当时作者镇守扬州，因清兵南侵、国事紧急，到南京（当时南明的都城）而不能回家面见母亲。独立燕子矶上，感慨万分，泪沉江府。眼泪轻微，本来不可能沉到江底，诗里"沉江底"是夸张的说法，为了表达作者心事的沉重。

感悟诗魂

史可法（1602—1645），字道邻，又字宪之，祥符（今河南开封市）人，明末抗清英雄。公元1645年，清兵南侵，史可法率军抵御。这时原驻守在长江中游的明朝将领左良玉以清除皇帝身边的奸臣为名进兵南京。史可法奉弘光帝之召，从江北渡江支援，史可法来到南京市北观音山上的燕子矶口占了这首诗。当时左良玉已战败，史可法即刻率军再回江北抗清，他未能回南京家中看望母亲，仅在燕子矶上口吟此诗以忆念老母。这首诗感情沉痛，不仅表现了对母亲的深切思念，而且反映了在内忧外患形势之下的忧国之情。

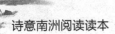

十二月十五夜

（清）袁 枚

沉沉更鼓急，渐渐人声绝。
吹灯窗更明，月照一天雪。

理解字词

沉沉：形容重浊的声音。

更鼓：古时候晚上有专人巡夜，打鼓报道时刻，叫作"打更"。打更用的鼓叫更鼓。

绝：消失。

领会诗境

更鼓一卜接着一下地敲，低沉的声音从很远处传来，慢慢地听不见外面有人说话了。吹灭油灯，屋里黑黑的，但是窗子更明亮了，因为明亮的月光正照着飘满地面的白雪！

感悟诗魂

袁枚（1716—1798），字子才，号简斋，晚年自号仓山居士、随园主人、随园老人，清代诗人、散文家。这首诗写农历十二月十五日夜间的所见所闻，观察很细致，体会很深微。全诗用夜深、鼓急、人静、窗明、雪月交辉这些具体现象描绘了凄清明净的夜景，读后仿佛如临其境一般。

村 居

（清）高 鼎

草长莺飞二月天，拂堤杨柳醉春烟。

儿童散学归来早，忙趁东风放纸鸢。

理解字词

村居：住在农村。

拂堤杨柳：杨柳枝条很长，垂下来，微微摆动，像是在抚摸堤岸。

醉：迷醉，陶醉。

散学：放学。

纸鸢：风筝。

领会诗境

绿草茂盛，黄莺飞舞，正是二月早春，轻拂堤岸的杨柳沉醉在烟雾之中。乡间的孩子们放学回来得很早，一个个借着东风愉快地放起了风筝。作者在诗中所表现的是早春二月的明媚景色。前两句描写了江南二月里的自然风光，用一个"拂"字、一个"醉"字，把静止的杨柳人格化了。后两句叙写了孩子们放学归来放风筝的情境，刻画出了孩子们的天真烂漫，也映衬出了春天的勃勃生机。

感悟诗魂

高鼎（1828—1880），字象一，又字拙吾，仁和（今浙江杭州市）人，清代诗人。《村居》这首诗描写了诗人居住在乡村时见到的春天的景象和放学后孩子们放风筝的情景。早春二月，草长莺飞，杨柳拂堤，儿童们兴致勃勃地放风筝。有景、有人、有事，充满了生活情趣，勾画出了一幅生机勃勃的"乐春图"。全诗字里行间透出诗人对春天来临的喜悦赞美。

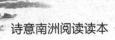

大风歌

（汉）刘 邦

大风起兮云飞扬，
威加海内兮归故乡，
安得猛士兮守四方！

理解字词

威：威力，威武。

加：凌驾。

海内：四海之内，就是"天下"的意思。我国古人认为天下是一片大陆，四周大海环绕，海外则荒不可知。

兮：表示语气的词，类似现在的"啊"。

安得：怎样得到。

领会诗境

大风刮起来了，云随着风翻腾奔涌啊！我威武平天下，荣归故乡。怎样得到勇士去守卫国家的边疆啊！

感悟诗魂

刘邦（前256/前247—前195），字季，沛郡丰邑（江苏丰县）人，汉朝开国皇帝。汉高祖十二年末刘邦平定了英布后，路过家乡沛县，置酒召父老宴，酒酣，刘邦击筑《大风歌》（《三侯之章》），使当地儿童歌唱。他在快乐当中，想起过去自己怎样战胜了项羽，又想到以后要治理好国家，到哪儿去找勇士来帮他守卫呢？想到这里，十分感慨，情不自禁地唱起歌："大风起兮云飞扬，威加海内兮归故乡，安得猛士兮守四方！"

竹 里 馆

（唐）王 维

独坐幽篁里，弹琴复长啸。

深林人不知，明月来相照。

理解字词

竹里馆：辋川别墅的胜景之一，房屋周围有竹林，故名。

幽篁（huáng）：幽是深的意思，篁是竹林。幽深的竹林。

啸（xiào）：嘬口发出长而清脆的声音。魏晋名士称吹口哨为啸。

深林：指"幽篁（huáng）"。

相照：与"独坐"对应。

领会诗境

月夜，独自坐在幽深的竹林里，一边弹着琴或是吹长啸。深深的山林中无人知晓，却有明月陪伴相照。

感悟诗魂

王维（701—761，一说699—761），字摩诘，号摩诘居士，唐代诗人、画家。这是一首写隐者的闲适生活情趣的诗，描绘了诗人月下独坐、弹琴长啸的悠闲生活。这首诗表现了一种清静安详的境界。前两句写诗人独自一人坐在幽深茂密的竹林之中，一边弹着琴弦，一边又发出长长的啸声。其实，不论"弹琴"还是"长啸"，都体现出诗人高雅闲淡、超拔脱俗的气质，而这却是不容易引起别人共鸣的。所以后两句说："深林人不知，明月来相

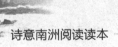
照。"意思是说，自己僻居深林之中，也并不为此感到孤独，因为那一轮皎洁的月亮还在时时照耀自己。这里使用了拟人的手法，把倾洒着银辉的一轮明月当成心心相印的知己朋友，显示出诗人新颖而独到的想象力。全诗的格调幽静闲远，仿佛诗人的心境已与自然的景致融为一体。

人日思归

（隋）薛道衡

入春才七日，离家已二年。
人归落雁后，思发在花前。

理解字词

人日：古代先传农历正月初一为鸡日，初二为狗日，初三为猪日，初四为羊日，初五为牛日，初六为马日，初七为人日。

人归落雁后：诗人回家的日子要落在春回大地北飞的雁群之后。

思发在花前：自己在花开之前就萌发了回乡的想法。

领会诗境

入春才只有七天，离乡已经两年。成对的鸿雁从头顶掠过，才发现自己回乡的想法，产生在花开之前。

感悟诗魂

开头二句，诗人淡淡地说出一个事实："入春才七日，离家已二年。"然而一个"才"字则透露出诗人满腹心事，仿佛他在屈指计日，也许在他的主观感受中新年已过了许久，但仔细一算，原来入春才七天呀，时间过得真慢！短短的七日已让人难以忍受，离乡两年的岁月又是怎样熬过去的呀。诗人以平淡质朴的诗句道出了度日如年的心情，在这个春天到来之前，他就盘算着归乡了。可是现在眼看着春草将绿，春花将开，成队的鸿雁从头顶掠过，诗人却无法回去。在后二句中，诗人先说"人归落雁后"，再说"思发在花前"，已将迟归的结局来对照念念在心的思归愿望，更见出诗人身不由己、思归不得归的苦衷。

秋浦歌（其十五）

（唐）李　白

白发三千丈，缘愁似个长。

不知明镜里，何处得秋霜？

理解字词

秋浦：在今安徽省池州市贵池区西南。唐时是著名产铜、银的地方。

丈：古代计算长度的一种单位。

缘：因为。

似个：这个。

秋霜：秋天的白霜，这里用来形容白发。

领会诗境

我头上的白发长到三千丈！只因我心中的愁绪也是这样长。对着明亮的镜子，我的头发白得像秋霜。我真不知道哪里弄来的这模样！

感悟诗魂

这首诗采用浪漫夸张的手法，抒发了诗人怀才不遇的苦衷。首句"白发三千丈"做了奇妙的夸张，一个人七尺的身躯，而有三千丈的头发，这根本不可能。读到下句"缘愁似个长"才豁然明白，因为愁思也是这样长。白发因愁而生，因愁而长。这三千

丈的白发，是内心愁绪的象征。诗中有形的白发被无形的愁绪替换，于是这三千丈的白发很自然地被理解为艺术的夸张。后两句"不知明镜里，何处得秋霜"是说：照着清亮的铜镜，看到自己萧萧白发，简直没法知道自己的头发怎么会变得这样的白。通过向自己提问，进一步加强对"愁"字的刻画，抒写了诗人愁肠百结、难以自解的苦衷。这首诗大约作于唐玄宗李隆基的天宝末年，这时候唐王朝政治腐败，诗人对整个局势深感忧虑。此时，李白已经五十多岁了，理想不能实现，反而受到压抑和排挤，这怎能不使诗人愁生白发、鬓染秋霜呢？

风

（唐）李峤

解落三秋叶，能开二月花。

过江千尺浪，入竹万竿斜。

理解字词

解：能够。

三秋：农历九月，指秋天。

二月：农历二月，指春天。

过：经过。

斜：倾斜。

领会诗境

风，能使晚秋的树叶脱落，能催开早春二月的鲜花；它经过江河时能掀起千尺巨浪，刮进竹林时可把万棵翠竹吹得歪歪斜斜。

感悟诗魂

这是唐代诗人李峤写的一首小诗。李峤写了很多咏物诗，这首是描写风的。风也有自己的思想和感情，当它欢欣的时候，往往伴着细雨洋洋洒洒飘落。春天来临的时候，风过千山秀，二月春风似剪刀。春风拂拂，像"飞天"的裙裾在梳理着，春风吹醒冬眠的柳绿，春风送来翩飞的燕子，春风吹绿了千沟万壑，春风摇醒了小草的青春，也在人们心中播下了盎然的春意。

采 莲 曲

（唐）王昌龄

荷叶罗裙一色裁，芙蓉向脸两边开。
乱入池中看不见，闻歌始觉有人来。

理解字词

一色：同一种颜色。
裁：裁剪缝制。
芙蓉：荷花的别称。
乱入：杂入、混入。

领会诗境

绿罗裙融入荷叶仿佛一色裁剪，荷花与采莲女的面容相映争艳。那么多莲舟荡入池塘都看不见，听到歌声才觉察人在荷塘采莲。

感悟诗魂

王昌龄（698—757），字少伯，唐代著名边塞诗人。这首诗像一幅美妙的采莲图画。一群采莲的少女，她们的裙子绿得像荷叶一样，红润的脸颊与盛开的荷花相映增美。人荷相杂使人难以分清，歌声由池中传来，才知道她们穿行在荷花丛中采莲呢！这首诗写的是采莲少女，但诗中并不正面描写，而是用荷叶与罗裙一样绿、荷花与脸庞一样红、不见人影闻歌声等手法加以衬托描写。全诗生动活泼，富于诗情画意，饶有生活情趣。

江南逢李龟年

（唐）杜 甫

岐王宅里寻常见，崔九堂前几度闻。

正是江南好风景，落花时节又逢君。

理解字词

李龟年：唐代著名的音乐家，受唐玄宗赏识，后流落江南。

岐王：唐玄宗李隆基的弟弟，名叫李隆范（后改名李范），以好学爱才著称，雅善音律。

寻常：经常。

崔九：崔涤，在兄弟中排行第九，中书令崔湜的弟弟。崔姓，是当时一家大姓，以此表明李龟年原来很受赏识。

落花时节：暮春，通常指阴历三月。落花的寓意很多，人衰老飘零、社会的凋敝丧乱都在其中。

君：指李龟年。

领会诗境

当年在岐王宅里，常常见到你的演出；在崔九堂前，也曾多次听到你的演唱，欣赏到你的艺术。眼下正是江南暮春的落花时节，没想到能在这时巧遇你这位老相识。

感悟诗魂

诗是感伤世态炎凉的。李龟年是唐玄宗初年的著名歌手，常在贵族豪门歌唱。杜甫少年时才华卓著，常出入于岐王李隆范和殿中监崔涤的门庭，得以欣赏李龟年的歌唱艺

术。诗的开首二句是追忆昔日与李龟年的接触，寄寓诗人对开元初年鼎盛的眷怀；后两句是对国事凋零、艺人颠沛流离的感慨。仅仅四句却概括了整个开元时期（注：开元时期为713—741年）的时代沧桑及由此导致的人生巨变，语极平淡，内涵却无限丰满。

秋 夕

（唐）杜 牧

银烛秋光冷画屏，轻罗小扇扑流萤。
天阶夜色凉如水，坐看牵牛织女星。

理解字词

秋夕：秋天的夜晚。

银烛：银色而精美的蜡烛。

轻罗小扇：轻巧的丝质团扇。

天阶：天庭上宫殿的台阶。"天阶"另一版本为"天街"。

坐看：坐着朝天看。"坐看"另一版本为"卧看"。

领会诗境

秋夜，精美的银色蜡烛发出微弱的光，给画屏上添了几分清冷之色，一位宫女手执绫罗小扇，轻轻地扑打飞舞的萤火虫。天阶上的夜色清凉如水，坐榻上仰望星空，牵牛星正遥望着织女星。

感悟诗魂

杜牧（803—约852），字牧之，号樊川居士，唐代杰出的诗人、散文家，其创造了晚唐诗歌高峰。《秋夕》是晚唐著名诗人杜牧所作的一首脍炙人口的七言绝句，这首诗写一个失意宫女的孤独生活和凄凉心情。

附:

低年级学生推荐阅读书目

一、必读书目

1.〔爱尔兰〕山姆·麦克布雷尼著　梅子涵译　《猜猜我有多爱你》（绘本）北京：明天出版社

2.〔美国〕玛格丽特·怀兹·布朗著　黄迺毓译　《逃家小兔》（绘本）北京：明天出版社

3.呦呦童编《我爱我爸爸》（绘本）合肥：安徽科技出版社

4.汤素懒著《红鞋子》（绘本）北京：明天出版社

5.〔加拿大〕菲比·吉尔曼著　宋珮译　《爷爷一定有办法》（绘本）北京：明天出版社

6.〔丹麦〕安徒生著《安徒生童话选》（拼音读物）北京：北京日报出版社

7.〔德国〕格林兄弟著《格林童话选》（拼音读物）天津：新蕾出版社

二、选读书目

1.《哪吒传奇故事》沈卓著 杭州：浙江少年儿童出版社

2.《王一梅童话系列》王一梅著 上海：华东师范大学出版社

3.《小企鹅心灵成长故事》汤素兰等 北京：明天出版社

4.《晚上的浩浩荡荡童话》梅子涵著 南京：江苏少年儿童出版社

5.《可爱的鼠小弟》〔日〕中江嘉男、上野纪子著 赵静、文纪子译 海南：南海出版社

6.《你看起来好像很好吃》〔日〕宫西达也著 杨文译 北京：北京少年儿童出版社

7.《丁丁历险记》〔比利时〕埃尔热著 邹晓平译 北京：中国少年儿童出版社

8.《了不起的狐狸爸爸》〔英〕罗尔德·达尔著 代维译 北京：明天出版社

9.《胡萝卜种子》〔美〕露斯·克劳斯著 大志译 北京：人民文学出版社

10.《小精灵的秋天》冰波著 广州：广州出版社

11.《小猪唏哩呼噜》孙幼军著 沈阳：春风文艺出版社

12.《大个子老鼠小个子猫》周锐著 沈阳：春风文艺出版社

13.《兔子坡》〔美〕罗伯特·罗素著 苏阳译 长春：北方妇女儿童出版社

14.《稻草人》叶圣陶著 北京：人民文学出版社

第二辑

一则故事 一个道理

（故事篇）

本辑编辑：张文晋、彭新宇

（学生读本·中年级版）

成功的欲望

　　有个年轻人想向苏格拉底学知识，苏格拉底就把他带到一条小河边，年轻人觉得很奇怪，但是，更奇怪的事情在后头，苏格拉底"扑通"一下就跳到河里去了。这个年轻人就想：难道大师要教我游泳？这时，苏格拉底向年轻人招了招手，示意他下来。年轻人也稀里糊涂地跳下了水。

　　刚一下水，苏格拉底就把他的头摁到水里，年轻人本能地挣扎出水面，苏格拉底又一次把他的头摁到了水里，这次用的力气更大，年轻人拼命地挣扎，刚一露出水面，被苏格拉底再一次死死地摁到了水里。这一次，年轻人可顾不了那么多了，死命地挣扎，出了水面后就哗啦哗啦地往岸上跑。跑上岸后，他打着哆嗦对大师说："大、大、大师，你要干什么？"

　　苏格拉底理也不理这位年轻人，就上了岸。当他转身远去的时候，年轻人感觉好像有些事情还没有弄明白，于是，他就追上去对苏格拉底说："大师，恕我愚昧，刚才你对我做那个动作我还没有悟过来，能否指点一二？"苏格拉底看那年轻人还挺虚心的，于是对年轻人说了一句很有哲理的话，他说："年轻人，如果你真的要向我学知识，你必须有强烈的求知欲望就像你有强烈的求生欲望一样。"

　　要想成功，仅仅存有欲望是不够的。一个顶尖的推销员最优秀的素质是有强烈的成交欲望；一个运动员，他最优秀的品质是有永远争第一的欲望。有一位世界著名的教练曾经说了这么一句话：一个优秀的足球前锋，最可贵的是强烈的射门意识。英国著名作家杰克·伦敦有一篇小说叫《热爱生命》，它之所以这样脍炙人口、深入人心，就是因为主人公本身表现出的人类心灵深处强烈的求生欲望。

🧑 导师寄语

　　人人都想成功，但是大部分人都是"希望自己成功"，而不是"一定要成

46

功"。他们成功的意愿不是那么强烈，这类人一旦要付出代价时，就会退而求其次，或者干脆放弃。成功者之所以成功是因为他一定要成功。一般的人之所以不能成功是因为他们仅仅有兴趣成功，而不是一定要成功。

傅雷德的账单

有一个小男孩名叫傅雷德。在8岁左右，他开始从金钱的角度来看待每一件事。他每见到一样东西，就想知道它的价格，如果价格不高，似乎对他就毫无价值可言。

但有很多东西是金钱买不到的，而且其中有些是全世界最好的东西。

一天早晨，傅雷德下楼吃早餐时，他在他母亲的盘子里放了一张折得整整齐齐的小纸条。他的母亲打开纸条，难以置信地看着他儿子在纸条中所写的：

跑路费　3块钱

倒垃圾　2块钱

扫地板　2块钱

小　费　1块钱

总计妈妈应付给傅雷德　8块钱。

他母亲读了以后，笑了笑，但没有说什么。

到了午餐时间，她把账单和8块钱放在傅雷德的盘子里，傅雷德看到钱时，眼睛为之一亮。他很快地把钱塞进口袋里，并开始幻想他要用这笔奖金来买些什么。

突然，他看到在他的盘子旁边有一张纸条，也是折得方方正正的，就像他先前折的一样。当他打开纸条之后，他发现这是他母亲给他的账单。上面写着：

教养他　没什么

出水痘时照顾他　没什么

买衬衫、鞋子和玩具　没什么

准备三餐和漂亮的房间　　没什么

总计傅雷德应付给妈妈　　不用付

傅雷德坐在那儿看着这张新账单，没有说一句话。几分钟后他站起来，从口袋中掏出那8块钱并放到他母亲的手里。从此之后，傅雷德学会了因为爱而帮妈妈做事。

导师寄语

母爱是伟大的，母爱就是给予，这种给予是不求回报的。

井底之蛙

有一天，海上刮起大风，海浪掀起有一丈多高。住在海边的青蛙被大风刮到离海老远的一口枯井里。

井底下也住着一只青蛙，它听到"咕咚"一声就问道："你是谁？从哪里来的？"

大海里的青蛙说："我也是青蛙，我家住在大海里，是大风把我刮到你这里来了。"

井里的青蛙说："你想回去吗？"

大海里的青蛙说："我想回去，就是路远，我又迷失了方向，现在只得请你迁就迁就，让我和你在这井底住些日子吧！"

井里的青蛙一听，觉得自己是天下的英雄，应该可怜可怜它。于是答应说："行！"说完了就把井底分一份给大海里的青蛙，"我把天下的地方让给你一块，你就在这儿住下吧！"

大海里的青蛙谢过井底的青蛙之后，它俩就聊了起来：

"你住的大海，有多大呢？"

"很大很大！"

"能有我现在待的这块地方大吗？"

"比这要大得多呢！"

"什么？难道大海还能比这井大吗？"

"是的，比这井底要大得多，大海是广阔的，是无边无际的。你要是能跟我到大海里去看一看，就知道了。"

井底的青蛙从来也没出过井，不知天多大、海多大，一听大海里的青蛙说住的地方要比这口井大，就恼怒了："你说大海比这井大，我不相信，这准是你在向我夸海口。我明白了，你这是小看我，瞧不起我这个地方。那好吧，对不起，请你回到大海里去吧！"

最后，井底的青蛙终于赶走了大海里的青蛙。

导师寄语

井底之蛙把井当作天，把自己当作天下唯一的英雄。你不会做井底之蛙吧？

瓜秧壮了

战国时，梁国与楚国相邻。两国颇有敌意，在边境上各设界亭（哨所）。两边的亭卒在各自的地界里都种了西瓜。梁国的亭卒勤劳，按时锄草浇水，瓜秧长势很好；楚国的亭卒懒惰，不锄不浇，瓜秧又瘦又弱，惨不忍睹。

人比人，气死人。楚亭的人觉得失了面子，在一天晚上，趁月黑风高，偷跑过去把梁亭的瓜秧全都扯断了。梁亭的人第二天发现后，非常气愤，报告县令宋就，说："我们要以牙还牙，也过去把他们的瓜秧扯断！"

宋就说："楚亭人的这种行为当然不对。别人不对，可我们再跟着学就更不对，那样未免太狭隘、太小气了。你们照我的吩咐去做，从今天开始，每晚去给他们的瓜秧浇水，让他们的瓜秧也长得好。而且，这样做一定不要让他们知道。"

梁亭的人听后觉得有理，就照办了。

楚亭的人发现自己的瓜秧长势一天比一天好起来，仔细观察，发现每天早上地都被人浇过，而且是梁亭的人在夜里悄悄为他们浇的。

楚国的县令听到亭卒的报告后，感到十分惭愧又十分敬佩，于是上报楚王。楚王深感梁国人修睦边邻的诚心，特备重礼送梁王以示歉意。结果，这对敌国成了友好邻邦。

导师寄语

不要抱怨别人对你不好，因为你用什么样的心态对待别人，别人就用什么样的心态对待你。

你错过了什么

你年轻聪明、壮志凌云，你不想庸庸碌碌地了此一生，渴望名声、财富和权力。因此你常常在我耳边抱怨：那个著名的苹果为什么不是掉在你头上？那只藏着"老子之珠"的巨贝怎么就产在巴拉旺而不是在你常去游泳的海湾？拿破仑偏能碰上约瑟芬，而英俊高大的你为什么总没有人垂青？

于是我想成全你，先是照样给你掉下一个苹果，结果你把它吃了。我决定换一个方法，在你闲逛时将硕大无比的卡利南钻石偷偷放在你的脚边，将你绊倒，可你爬起后，怒气冲天地将它一脚踢下阴沟。最后我干脆就让你做拿破仑，不过像对待他一样，先将你抓进监狱、撤掉将军官职、赶出军队，然后将身无分文的你抛到塞纳河边。就在我催促约瑟芬驾着马车匆匆赶到河边时，远远地听到"扑通"一声，你投河自尽了！

唉！你错过的仅仅是机会吗？

导师寄语

其实机会总是有的，但没有一双发现机会的眼睛是看不到的，没有一双把握机会的手是抓不住的。你要做的，只是在日常小事中去发现和把握机会。

倒出那粒沙子

在非洲大草原上，有一种动物叫吸血蝙蝠，它身体很小，却是野马的天敌。这种蝙蝠时常趴在马腿上，用锋利的牙齿迅速咬破野马的腿，然后再用尖尖的嘴吸血。无论野马怎么蹦跳奔跑，都没法驱逐这种蝙蝠，因为它们实在太小了，不像狮子、虎、狼之类的猛兽，野马可用蹄子踢，用身子撞。吸血蝙蝠却可以站在野马的身上，落在野马的头上，让野马在暴怒和流血中无可奈何地死去。

当一种东西小到不是你的对手时，你更应该格外地小心。大自然往往有种不可思议的逻辑，在人类社会中也同样存在。

在现实生活中，能将你击垮的有时并不是那些巨大的挑战，而是一些非常琐碎的小事。不少人都有过这样的体验：当灾难突然降临时，人们常会因恐惧、紧张，本能地产生出一种巨大的抗争力量。然而，当困扰你的是一些鸡毛蒜皮的小事时，你可能就束手无策了。它们只是生活的细枝末节，微不足道；然而正是这些看似微不足道的小事，却无休止地消耗人的精力。这正像那种蝙蝠一样，能把强大的生命置于死地。

🧑 导师寄语

伏尔泰一针见血地指出，使人疲惫的不是远方的高山，而是你鞋子里的一粒沙子。生活中常常困扰你的，不是那些巨大的挑战而是一些非常琐碎的小事，虽然这些事微不足道，却能无休止地消耗你的精力。人要轻装上阵，就要小心那些鸡毛蒜皮的小事，就要学会随时倒出那烦人的"小沙粒"。

让别人去说吧

在一个炎热的日子，父亲带着儿子和一头驴走过满是灰尘的街道。

父亲骑在驴上，儿子牵着它走。"可怜的孩子。"一位路人说道，"这个人怎么心安理得地骑在驴背上？"

父亲听到之后，就从驴背上下来让儿子坐上去。但走了没多久，又一位路人的声音传来："多么不孝！可怜的老父亲却在一旁跟着跑。"小孩子听了之后，连忙让父亲也坐到驴背上来。

"你们谁见过这种事？"一位妇人说道，"这么残酷地对待动物，可怜的驴子的背在下陷，而这个老家伙和他的儿子却优哉游哉。"

结果这父子俩只好从驴背上爬下来。但是，他们徒步走了没多远，又一个陌生人笑着说："我才不会这么蠢，放着好好的驴不用，却要用脚来走。"

最后，人们看到有一对父子扛着一头驴从街上走过。

导师寄语

"谁人背后无人说"，人生路上，被人们指指点点、评头品足，是很正常的事情。只要自己心里有把尺子，就当你想当的人，做你想做的事，去你想去的地方，让别人去说吧！

马其诺防线的悲剧

第一次世界大战后不久，德国重新崛起。法国又面临着被德国侵略的威胁。鉴于第一次世界大战期间马恩河和索姆河防线的经验，法国军界的贝当和干末认为防御可以赢得时间，以改变法国经济和军事上的劣势。在这种思想指导下，法国开始修筑马其诺防线。这是一个庞大而复杂的防御系统，其设计之周密，工程之浩大，配备之齐全不能不令人惊叹。它南起与瑞士北部边境城市巴塞尔相对的法国边界，沿莱茵河左岸朝正北方向延伸，在法德两国莱茵河天然边界的北部尽头折向西北，一直延伸到法比交界的阿登山区以南的梅蒙迪。1930年防线开工以后，数以万计的技术工人和军事工程师昼夜奋战，到1937年竣工时，先后挖土1200万立方米，耗资2000亿法郎，相当于法国1919年到1939年全部国防经费的二分之一。

第二次世界大战爆发后，希特勒以强大的坦克、飞机组成的高度机动化部队，迅速击溃和占领了波兰、丹麦和挪威。1940年4月，比利时和法国已面临德国的重兵压境，情况危急。然而，此时的法国统帅部认为，德军攻击的重点将是马其诺防线，因此将兵力着重部署在防线和色当以西到海峡的法比边境上。法国防线的中央部分是森林密布、道路难行的山区，法国视此为"天险"。法国统帅部认为，有了马其诺防线，再加上阿登山区天险，法国的边防可谓固若金汤、高枕无忧了。因此，第二次世界大战爆发后，几十万法军按兵不动，整天吃喝玩乐，一片升平景象。

然而，希特勒并没有按照法国统帅部的预想行事。1940年5月10日凌晨，希特勒调集136个师，分A、B、C三个军团，对荷兰、比利时、卢森堡发动大规模进攻。德军A军团45个师越过荷兰和比利时，作为右路军插入法国，仅以C军团19个师部署在从法、卢边界到瑞士巴塞尔的一条350公里长的防线上，虚张声势地对马其诺防线做钳制性进攻，迷惑和牵制了法军。德军的坦克部队在施图卡式俯冲轰炸机的配合下，猛攻从亚琛到摩泽尔河一线宽170公里的阿登山区。3天后，德军突破了阿登山区的天然防线，进逼马斯河。一个星期内占领了色当要塞，向西一直推进到英吉利海峡。40万英法联军丢盔弃甲、溃不成军，被压缩到敦刻尔克，前临大海，后有追兵，狼狈不堪。马其诺防线被德军迂回绕过，没有发挥一点作用，徒费了大量人力物力。

👤 导师寄语

水无常行，兵无定式，战争中有进攻，也有防御。但消极防守绝非良策，它限制了自己的自由，捆住了自己的手脚，反而使敌人有了回旋余地。法国军

界的错误决策，使法国遭致亡国的悲惨命运，而马其诺防线则成为世界战争史上的笑料。行兵作战如此，做人行事又何尝不是如此？没有积极的应对，只会被动挨打。

做小鸡，还是做老鹰？

从前在高山上，有一只老鹰，想要搬家，它便抓起了鸟巢，飞呀，飞呀。鸟巢里本来有五个蛋，但在飞行途中，不小心掉下了一个。按理说蛋从那么高掉落下来，是必破无疑的，所幸这颗蛋刚好落在农庄的牧草堆上，且滚落在鸡舍附近……

这天正好母鸡带着一群小鸡出来散步，走着，走着，母鸡突然发现了鹰蛋，心想哪来那么大的一个蛋？会不会是自己生蛋生太多而忘了？以鸡的智慧，它当然不会分辨那是什么蛋，因此便匆匆将鹰蛋抱回鸡窝。

孵呀孵的，日子一到，总算孵出来一只完全与其他小鸡不一样的小鹰。无论它长得有多奇怪，母鸡绝不会承认自己生错了。既然生了，也只好将它当作小鸡一样来养啦！只是母鸡发现这只小鸡不能像其他小鸡一样，低着头啄米吃。因为鸡的嘴是上短下长，而鹰嘴则是上长下短。小鹰只好歪着头、横着大嘴在地上扫来扫去扫米吃。固然吃得辛苦且畸形，但总算也日渐长大。

话说有一天母鹰在天上教小鹰如何飞翔，正巧飞到鸡舍上空，发现鸡群里有只正歪着头在地上扫米吃的小鸡，像极了自己搬家时遗失的孩子。即时，便飞下去将它抓了回来，带回高山顶上，并且介绍兄弟姐妹给它认识，告诉它，你本来是只鹰，你可以飞。这时小鹰一直咕咕地叫（因为它已经习惯），回答老鹰说："请您放我走，我是一只鸡，我并不是什么老鹰，而且我更不会飞。"母鹰听完非常生气，遂将小鹰踢下悬崖。在求生本能的尖叫声中，小鹰终于展开了翅膀，迎风飞了起来……

导师寄语

　　每个人与生俱来，都像老鹰一般，可以成就，可以高飞。但是在传统而又固定的生活形态当中，我们已经习惯被饲养，习惯去要，要升级、要加薪，甚至要不劳而获。只因为没有良师益友提醒我们，学什么会成功、做什么会成功、养成什么习惯会成功，因而很多人碌碌无为。因此，在人生过程中，我们都需要一个贵人，一个愿意肯定我们、鼓励我们、点醒我们，甚至教导我们的父母、好老师、好朋友。只要我们培养一颗谦卑向学的恭敬心，去亲近每一个人，我深信贵人就在你身边。

邮箱上的图钉

　　从前有个农夫的儿子，名叫约翰，不管叫他去做些什么他总是鲁莽草率、粗心大意。

　　有一天，他父亲对他说："约翰啊！你总是这么粗心大意又健忘，老是做错事。我要在邮箱上钉个图钉提醒你，好让你知道你有多么不听话。只要你做对了，我就把图钉拔出来。"

　　他父亲真的就照他自己所说的做了，每一天要钉上一个图钉，有时候要钉上好几个，但却很少拔下来过。

　　最后，约翰看到邮箱几乎都快被图钉盖满了，他觉得很惭愧，意识到自己犯了那么多的错。他决定要做一个好孩子。第二天，他表现得很好，也很勤奋，所以有好几个图钉被拔掉了。第三天也一样，以后天天如此，持续了一段很长的时间。终于，只剩下最后一个图钉在邮箱上面了。他父亲把他唤到跟前来，说道："你看，孩子，只剩最后一个图钉了，而且现在我要把它拔掉了。你高兴吗？"

　　约翰看看邮箱，他并不像他父亲所预期的那样快乐，相反地，他突然哭了起来。

"怎么了？"父亲问道，"怎么回事？我以为你会很高兴的，图钉已经全部都拔掉了呀！"

"是啊！"约翰哭泣着说，"图钉是拔掉了，可是伤痕还在呀！"

🧑 导师寄语

那些伤痕就是你的错误和坏习惯，也许你可以克服它们，也许你可以慢慢地改掉它们，但是伤痕仍然存在。不论何时，当你发现你自己正在做错事或养成坏习惯时，要立刻停止。每一次你屈服于这些坏习惯时，就会得到一枚图钉。即使日后拔掉了图钉，它依然会在你的灵魂中留下伤痕。

大海浪与小波浪

据说自高山上的石缝中流出的涓涓细流，形成了小波浪。小波浪听远古的祖先说"海"是何等的伟大与壮阔。因此立下志愿：今生务必努力去"大海"。（好比奋斗中的年轻人，立志要成功）

终于，在亲友的祝福声中，他踏上了理想之路。行至山腰，河面变宽、水流转急，小波浪发现这里的小波浪都比他大，速度都比他快，因而信心大受打击。（好比人在努力一个时段后，都会与别人比较出身、学历、机会等所带来的成就上的差距）但无论如何，他仍要奋勇走向大海。一来到山脚下的出海口，他发现河面是那么广阔。大海浪往返河面之上，高谈阔论海水是什么味道、海鱼有多大、船是什么……

小波浪至此，更觉得自己一生最大的壮志，对于在这里的海浪来说，竟是每天都在做的事！（好比我们努力了好几年，突然遇上一个年轻人职位在你之上，或领导你，将使你失去奋斗的优越感与动力）顿时，小波浪也深深觉得自己一生毫无意义，心灰意冷而越走越慢……（但大家都知道，水不流动，波浪就会消失）

正巧旁边来了一波大海浪，热心鼓励他说："我们并非天生就是大海浪，而是我们集中了一群志同道合的小波浪，才会形成今天的大海浪，共同实现理想。"小波浪听完，非常羡慕地问："那我可以加入你们吗？"大海浪大笑说："你忘了？我们都是水，你只要靠过来就可以了呀！"

导师寄语

过去的白手起家是何等辛苦，机会是何等渺小。而今想成功，更需通过人际的运用与人才的聚集，才可将机会扩大，互补才智的不足，达到合作的功能。故参与人群，做个受欢迎的人，才能使自己更有价值，更被人需要。无形中自己已然是个有魅力的人，同时更为自己塑造了一个成功的环境。

人生目标

有一个小和尚在一座名刹担任撞钟之职。照他的理解，晨昏各撞一次钟，简单重复，谁都能做，钟声仅是寺院的作息时间，没什么大的意义。半年下来，无聊至极，"做一天和尚，撞一天钟"吧。

有一天，方丈宣布调他到后院劈柴担水，原因是他不能胜任撞钟之职。

小和尚很不服气，我撞的钟难道不准时、不响亮？！

方丈告诉他说："你的钟撞得很响，但是钟声空泛、疲软，没什么意义。因为你心中没有'撞钟'这项看似简单的工作所代表的深刻意义。"钟声不仅仅是寺里作息的准绳，更为重要的是要唤醒沉迷的众生。为此，钟声不仅要洪亮，还要圆润、浑厚、深沉、悠远。心中无钟，就是无佛。不虔诚，不敬业，怎能担当神圣的撞钟工作呢？

导师寄语

工作中，要把每一件小事都和远大的、固定的目标结合起来。当目标完全融入生活时，人生目标的达到就只剩下时间问题了。

狗和倒影

有一条狗衔着一块肉，经过河上的一座小桥，这时它朝下看见了自己的倒影。它见那条狗居然也衔着一块肉，而且比自己的那块大得多，十分诱人。于是它丢下自己衔的肉，向水中猛扑过去，想要夺那块大的肉，结果水中的倒影消失不见，原来的那块肉也被河水冲得无踪影了。

导师寄语

水中的狗，放大的肉，这些水中的倒影，正是贪欲膨胀时产生的种种幻想，蒙蔽了最初真实的心理。此刻虚虚实实，已难分辨，失去了判断力，结果常常是竹篮打水一场空。这就是贪欲的最直接危害。拒绝这种诱惑的最好办法就是记住一句话：吃到嘴里的肉才是自己的，才是现实的，对遥远的东西不要抱有不切实际的幻想。

小鱼问大鱼

有一天，有条小鱼问大鱼："听远古的祖先传说，水对我们鱼类非常重要，您能否告诉我，水究竟在哪里？"大鱼深深地看着小鱼回答说："是呀！水对鱼族是非常重要的，一旦离开了水，鱼就无法存活，而且你知道吗？其实我们已经泡在水里面了呀！"

看到这里，您一定会有所体会。人不正如小鱼一般，积极地在探究自己成功的方法何在，却不知道成功原来一直与我们同在。只要我们多注意自己的思考、行为、待人接物、时时学习优良的习惯，这些不正是每个成功人的特质吗？因此，在努力的过程中，经常请教比自己成功的人，去观察、学习他们的习惯，相信您一定也会成功的。

导师寄语

　　成功与失败的结果，来自思想所左右的行为，因此想学成功人士所做的事，务必先培养成功者的思想。

　　最重要的是提升自己的人生定位——一定要成功。

赢人先赢己

　　有一位老飞行员，接受了一项特殊的任务，不是扔炸弹也不是接名人，而是运老虎。这是一只当作亲善大使之用的成年老虎，脑门的"王"字极有霸气。老虎很不服气被关在大铁笼里，在被运上飞机的那一刻还不忘不大不小地叫了一声。

　　飞行员觉得很有趣，他在前面开飞机，身后就是老虎的铁笼子，和百兽之王进行如此面对面的交流，这种情况还真不多见。开了一会儿，飞行员又回过头去瞧老虎。"天啊！"他不禁一哆嗦，老虎离他只有几步之遥，正在向他逼近。该死的铁笼子，竟然没有关严！

　　情急之中，他没有大叫着乱跑，其实即使他这样做了也无路可退，相反地，他睁大了眼睛，狠狠地盯着老虎，像一头发威的雄狮。

　　奇迹出现了，老虎和他对视了一会，竟然自己又走回到笼子里。飞行员化险为夷。

导师寄语

　　如果你想赢，那么你就先赢了一半。强者总是试图永远保持自我控制的能力，这种能力可以显示出真正的人格和心力。

牧人和丢失的公牛

牧人赶着牛群在树林里放牧，发现少了一头小公牛，到处寻找也找不到。于是牧人祷告说："神啊！如果让我把偷牛贼找到，我情愿贡献一只羊来祭拜您。"接着他翻过一个小山岗，看见一头狮子正在津津有味地享用着他的小公牛。牧人吓得四肢发软，合起双手向上天祈求道："我刚才祷告，如果能找到偷牛贼，我就献出一只羊，现在我已经看见贼了，我愿意补充我的诺言，只要能让我从狮子口下保住性命，我情愿在丢掉小公牛的基础上再赔上一头大公牛。"

导师寄语

当你面对挫折，力图挽回损失的时候，不必强求完璧归赵，只要努力使损失降到最低就可以满足了，否则你有可能会失去更多的东西。"赔上夫人又折兵"，岂不是得不偿失？

母亲的捐献

一位牧师接到一个人的电话，这人刚做父亲，这本没什么不寻常的。但这位父亲想让牧师在自己的妻子从麻醉中醒来后告诉她，她生了一个多么漂亮健康的男孩子，只是没有耳朵。

当牧师到医院的时候，医生解释说，孩子的听力和内部器官都很正常，只是少了外部肌肉组织，就是我们通常所说的耳朵。医生安慰母亲道，这个缺陷能够弥补。等孩子长大后，找一双与之相配的捐献者的耳朵就行了。

上学对于这个孩子真是折磨。很多次，他都是一路哭着回家："我是个怪物！怪物！"每当有人盯着他看，或是窃窃私语时，他都会很敏感；而当有人在他背后指指点点，给他起外号时，他更是无地自容。

初中对他来说是最痛苦的阶段，但孩子已开始适应了，他已学会在不幸中生活。

他成绩优异，考入重点大学，还拿了全额奖学金，他的专业是地质学。

这年春天，他大二了。一天，他的父亲给他来了个电话："哎，儿子，我们终于找到一个同意捐献耳朵的人啦！手术计划在这个夏天进行，赶快回来吧！"

手术很成功。秋天，这个年轻人高高兴兴地返回学校，他的耳朵是那么美，新的生活在向他招手！

他以优异的成绩从大学毕业，父母都引以为荣。他在中西部找到了一份满意的工作，生活太美好了。直到有一天，他接到父亲的电话："儿子，你妈心脏病发作了，快赶回家吧！"

接到电话，年轻人急忙赶到家，等待他的竟是噩耗——母亲走了！

第二天，在葬礼上，父亲把他带到母亲的棺材前，他掀起母亲头发给儿子看……母亲竟然没有了耳朵！

🖐 导师寄语

世界上没有十全十美的东西，母爱能弥补那些缺陷。文中的年轻人最后得知了真相，将是多么百感交集。

猫追尾巴

在古老的传说里，猫只要追到自己的尾巴，就会得到幸福。

因此，有一只初长成的猫，就拼命追着自己的尾巴，不断在原地打转。有只老猫看了，感慨地对年轻的猫说："年轻人，像你这样绕着自己的尾巴追，

是永远无法追到幸福的。当年，我就是看着自己的几个兄弟用同样的方法试图去寻找幸福，尽管旁观者苦口婆心地劝告，他们仍然我行我素。而今他们依然一事无成，可悲的是竟沦为横走街头的孤独老人了！唉！还好，我自己经贵人指点迷津，深知'你只要往前走，尾巴就会跟着走，而幸福也就跟着你来'。"

瞧！这是一则多么有哲理的隐喻呀！

导师寄语

进步本来就是避免淘汰、争取幸福的必要条件。

社会上多数的年轻人，只知拼命努力在打转（在固定的环境里）寻找幸福，在多年不可得之后，即转变为去期待幸福。主动往前走，去创造好的人际，革新自身的观念，相信只要你愿意通过努力而使自己成长，幸福必会与你同在。

老经理钓鱼

有个海外回国的年轻经理，在公司里相当有才干，升迁也很快。也正因如此，难免养成了少年得志、过分自大、目中无人的毛病。故在公司里人缘并不是很好，朋友也很少。适逢中秋节，每个人都回家团聚，而这位年轻经理的家人均在国外，因此他显得无聊，只得自请留在公司加班。公司二位老经理看在眼里觉得有些不忍，于是就约了这位年轻的经理一起去钓鱼，年轻的经理当然是欣然答应了！

他们租了一条船，划至湖中小岛钓鱼，时间一久，其中一位老经理就起身告辞，方便去了。突然看见老经理三两下即从湖面蜻蜓点水般地跳到对岸，这年轻经理以为自己眼花，正在讶异之际，又见方才那老经理一溜烟地跳回，这更让他目瞪口呆，心想：想不到这老经理是个练轻功的异人。但自己总是留洋的博士，岂可随意佩服他呢！又过了一会儿，另一位老经理也起身方便。这次年轻经理看得更清楚了，他竟然同样能在水面上踏过去又跳回来。这回心中更是佩服这二位经理的深藏不露。但在表面上自己总还是博士，不宜太轻易佩服他们。

时间一久，年轻经理亦需要方便。心想，大概此地湖水的浮力大，老经理可以，他绝对也可以。因此起身提气，往水面一跳，只听到一声扑通！天啊！吓得二位老经理不知所措，赶快去拉起他，道歉着说："哎呀！我们忘了告诉你，石头在那里啊！"

导师寄语

不论你的学识、地位如何，到任何新环境都应该用谦卑的态度去与人相处，才不会因自负，而使自己弄得啼笑皆非。

少年得志固然可喜，但目中无人更属可悲。学识存在的价值，首在知书达礼，明辨是非，并非一味地显现才能，而处处得罪人，使自己一生葬送在怀才不遇的悲哀里。

失败生于心中

一个铁笼一分为二，把一些狗赶进笼子的一边，在另一边的笼子底下通电，狗会受到电击的疼痛，很快跳到笼子另一边，而当另一边受到电击时，这些狗又会轻松地跳回来。然而，还是这只笼子，再放同样一批狗，通电后，这批狗却不做任何挣扎，只会浑身发抖，低声哀鸣。原来心理学家曾把后一批狗拴在铁柱上，进行电击刺激，开始时狗受到电击会挣扎、跳跃。但是，由于挣扎、跳跃摆脱不了电击的折磨，经过几天之后，这些狗再受到电击时，就自动放弃了努力，连轻轻一跳就能摆脱电击刺痛的努力也不做了，它们习惯了挫败，认命了。

这个实验说明了一个道理：连续的挫败，可能会使人自认失败、听天由命、不去抗争。

所谓失败，其实就是自己的一种感觉，是在走向成功的路途中，由于行动

受阻而产生的悲观失望。在客观世界中，没有失败，失败仅仅存在于失败者的心中。

"屡战屡败"改为"屡败屡战"，虽是文字上的简单调换，却反映出面对失败的两种心境。

导师寄语

有人把"0"看成一无所有，有人把"0"看作虚无空洞，然而，也有人把"0"看成一个可以填满的空间。其实，对许多人来说，失败可以使人重新评价自己的生活，从而整装上阵；失败的确意味着一定的损失，但同时也意味着获得智慧。

商鞅变法

古时民风淳朴，社会均墨守成规。过度的单纯与呆板使得政令的实行与变革相当难以推行。其时有一大臣名叫商鞅，他想推行变法，改善百姓的不良习俗。当时几乎所有朝中大臣均告诉商鞅说："这是不可能的，百姓的风俗习惯均已流传千百年，已根深蒂固，岂可改变。"商鞅却胸有成竹地告诉群臣，他有一个方法可以试验习俗是否可以改变。他率先在南城门贴出告示，并在告示下放了一根木杆。告示说："若有人能将门下这根木杆，拿到北城门，交给守门官便会得到赏银。"众百姓围着告示榜，东一句、西一句地议论纷纷。有人说："天下哪有这等便宜事，这一定是骗人的。"又有人说："也许将木杆拿到北门去的人，非但没赏金，还可能招来一顿毒打。"说话的多，围观的更多，但就是没人敢去拿木杆。这时有一个憨厚的年轻人，一言不发，拿起木杆就往北门走。众人一看，就有人问年轻人"难道不怕到了北门，因为贪图不劳而获而受到处罚吗？"年轻人边走边率直地回答："姑且试一试又何妨，最坏只是得到一点处罚，但若万一是真的如告示所说，岂不是获得了银子？"年轻人来到北门，果然得到了赏银。

导师寄语

　　多数人过度墨守成规，食古不化，都想用有限的知识去猜测不可知的未来，因此失去了很多机会。不妨如故事中的年轻人一样，在面对任何机会时，先做好最坏打算，给自己一次机会。如台湾王永庆先生一般，永远拿本身所有条件的十分之一，去尝试一件新的事物、一个新的机会。因为"尝试是人世间最强的行动力"，也只有这样才能走出专业限制的牢笼，扩大自己的人生空间。

老鼠嫁女

　　从前，有一只老鼠生下了一个漂亮的女儿，总想将它嫁给一个有权势的人物。它看到太阳很非凡，就巴结太阳说："太阳啊！你多么伟大、能干，万物没有你，简直就无法生存，你娶我们的漂亮女儿做妻子吧！"太阳客气地回答："我不行，因为乌云能遮住我，把你的女儿嫁给乌云吧！"老鼠又去找乌云，对乌云说："你娶了我的女儿吧，你有这样神通广大的本领，我真的非常敬慕你。"乌云说："不行，我没什么本领，我比不上风，风一吹，我就被吹跑了。"老鼠一听，原来风比乌云更有本领，就找到风，对它说："风啊！我可找到你了，听说你很有本领、有权威，我愿将我美丽的女儿嫁给你。"风一听这无头尾的话，紧锁双眉说："谁稀罕你的女儿，你去找墙吧，它比我行！"老鼠一听，又决定去找墙。墙揶揄地说："我倒是怕你们这些老鼠，你们一打洞，我可就危险了。我不配做你女婿。"老鼠一想：墙怕老鼠，老鼠又怕谁呢？它忽然想起了祖宗的古训，老鼠生来就怕猫的。它就赶紧去找猫，点头哈腰地说："猫大哥，我总算相中你了，你聪明、能干、有本事、有权威，做我的女婿吧！"猫一听，倒是很爽快地答应了："太好了，就把你的女儿嫁给我吧！最好今晚就成亲。"母老鼠一听，猫大哥真不愧是有魄力、有作为的男子汉，心想总算给女儿找到了如意郎君，于是喜滋滋地跑回家去，大声对女儿说道："终于给你找到好靠山了，猫大哥最显赫、最有权势，可享一辈子福

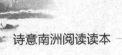
呢！"当晚就把女儿打扮起来，请来了一群老鼠仪仗队，打着灯笼、凉伞、旗号，敲着锣鼓，一路上吹吹打打，把女儿用花轿送到了新郎的住地，猫一看，老鼠新娘来了，等轿刚进门，还未等新娘下轿，就扑上去，一口将可爱的新娘吞进肚里去了。

导师寄语

人人都应自强，不要巴结、依附一些所谓的强者，否则，只会自取灭亡。

金字塔的镜子

几千年来，金字塔的科技一直是科学界与建筑界的一个谜。一直到今天还有许多学者、专家在研究它是如何建立起来的。其中有一个盲点，到了近代才找到答案。

这个盲点是，金字塔深入地底下数十层，当时没有现代化的照明设备且在挖掘遗迹中并未发现有火把或油灯的迹象，照明问题是如何解决的呢？后来才发觉在金字塔每层阶梯的转角处，均在墙上放了一面镜子。因此只要白天时在入口处放上一面镜子，调好角度，阳光便会被反射直入最底层，使走道一片光明。这真是高智慧的结晶呀！

导师寄语

在多元化的社会里，没有人能用一种能力活一辈子。相信社会上多数的成功人士，都相当懂得人际互补的原理，充分与人合作，贡献己长、用人所长，实收事半功倍之效。故现今首先要充实的能力是学习在人群里做个受欢迎的人。人际扩大了，机会增加了，能力提升了，成功才不再是口号，因为你已经变成一个重要的人了。

黑气球会不会飞

平凡的生活里经常隐藏着深刻的启示与哲理，如果你够细心的话，一定可以发现这些哲理。

在美国的迪士尼乐园，有一个黑人小孩，一直盯着那卖气球的小贩，不断地吹出各种五颜六色的，大小、形状都不一样的气球。心里想着，他为什么总不吹黑色的气球？是不是黑色气球不会飞，所以小贩才没有吹出一个黑色的气球？（这也反映了种族歧视对黑人小孩的心理影响）最后实在忍耐不住了，小孩就走过去问那卖气球的小贩，说：

"是不是黑气球不会飞，所以你从来都不吹黑色气球。"这小贩听完小孩的问话后，笑着回答说：

"气球会飞不是因为颜色，而是因为它里面充满了氢气。"说着顺手拿起一个黑色气球，将它充满了氢气，送给了黑人小孩。

💬 导师寄语

"气球会飞不是因为颜色，而是因为它里面充满了氢气。"相形之下，人会成功也不是因为肤色、学历、背景，而在于自己是否充满了——

不服输、不甘心的气；

自卑感会使人泄气；

等待别人鼓励与同情会使自己变得小气；

唯有通过学习来为自己打气，才能使自己提升。

能力提升了，你自然就会有自信。有了自信，那么你正是那充满了氢气的气球！

这也会过去

据说，伟大的所罗门王有一天晚上做了一个梦。一位先圣在梦里告诉了他一句话，这句话蕴含了人类的所有智慧，让他高兴的时候不会忘乎所以，忧伤的时候不会无法自拔，始终保持勤勉、兢兢业业。但是，醒来后却怎么也想不起那句话来，于是他召来了最有智慧的几位老臣，向他们说了那个梦，要他们把那句话想出来。并拿出一枚大钻戒，说：

"如果想出那句话来，就把它镶刻在戒面上，我要把这枚戒指天天戴在手上。"

一个星期后，几位老臣来送还钻戒。戒面上已刻上了一句简单的话：

"这也会过去。"

👤 导师寄语

两千多年前，孔夫子就望"河"兴叹："逝者如斯夫，不舍昼夜。"莎士比亚也说："时间的无声的脚步，是不会因为我们有许多事情要处理而停留片刻的。"

牙齿与舌头

孔子的老师叫老子，而老子的老师名叫长重。长重在病危时，将老子找到床前，长重问老子："你看看老师的牙齿还在不在？"说完便张开了嘴巴。老子看了一下，就对长重说："老师您的牙齿掉光了。"

长重再问老子："你看老师的舌头还在不在？"老子看了看回答说："老

师您的舌头还在。"

这时长重语重心长地对老子说："为师最后要提醒你，为人处世之首要根基就好比舌头与牙齿一般：牙齿那么硬，老师还没有过世，它却已经掉光了；而舌头那么软，老师都快死了，它还完好如初。由此可见做人不可过度刚硬，应时时保持柔软，予生活过程注入弹性，方可长存于世。"

导师寄语

刚则易碎，柔则长存。曾听说："个性是事业最大的敌人。"莫不是告诉我们，伴随着年龄成长，就应该学会管理自己的个性，掌握自己的情绪，莫过度率性而为。当知成熟的人是做该做的事，而非只做喜欢做的事。让我们用各方面的成功，来证明自己是成熟的吧！

奇里村长和魔鬼

奇里村长受尽了魔鬼的苦。后来，他决心要找到魔鬼，并亲手除掉它，使村民不再受苦。

有一天，奇里村长找到了魔鬼并与它打了起来。奇里村长终于战胜了魔鬼，把它打倒在地上，接着拔出短刀，准备下手。但这时魔鬼止住了他，说：

"村长，且慢下手，你可以杀我，但先听我说几句话。"

"说吧。"村长说。

"你杀死我一点好处也没有，"魔鬼说，"如果你饶了我，你就有好处。"

"有什么好处？"奇里村长问。

"你让我活命，我保证每天早晨在你枕头下放20卢比。这样，一直到你生命的最后一天。"魔鬼说。

村长奇里一听到这话，就马上动摇了，他想：我打死他，有什么好处？它又不是世界上唯一的魔鬼。魔鬼有千千万万，我饶了它，每天就可以得到20卢比！于是奇里同魔鬼定了协议，放走了魔鬼。

第二天早晨，奇里发现枕头底下真的有20卢比。他心里大喜。这样，持续了一个星期。

有一天早晨，奇里醒了，手伸到枕头下摸钱，竟没有一个钱。村长感到纳闷，心想，大概是魔鬼忘记了，明天一定会放好两天的钱的。

但是，第二天枕头底下还是没有钱。又等了一天，还是没有钱。这时村长火冒三丈了，就出去寻找魔鬼。

在同一草原上的同一地方，他们又相遇了。"喂，骗子！"村长对魔鬼说，"你是怎么对待我的？""村长啊，"魔鬼回答说，"我一连几天给你钱，后来不给了。你不满意的话，我们再来决斗。"

村长奇里相信自己的力量，因为他已经战胜过魔鬼一次了。可是这一次，魔鬼举起了村长，把他摔倒在地上，并且拿出短刀，准备下手。

这时村长说：

"魔鬼，你可以杀死我，但请允许我提一个问题。"

"提吧。"魔鬼说。

"一个星期前，我们碰面后进行了较量，我胜了你，为什么现在我们两个都毫无变化，你却战胜了我？"

"原因是第一次你是为了正义的事业同我决斗的，而这一次，你找我是为了要钱，为了个人复仇，所以我轻易地战胜了你。"

导师寄语

无私者无畏，心里无私天下宽。

竹子的笨哲学

人人都在学习如何把自己变得比别人更聪明，极少有人去学习如何把自己变笨。而今，正要与各位分享"笨"对人生的启示，"大智若愚"的境界是什么呢？

"笨"上半部是一个竹字，而下半部是一个本字。故而若能将人生修养的根本，巩固在竹子的特质之下，则"笨"哲学在为人处世上，必能掌握更深刻的契机，使我们层层突破，步步高升。

竹子具备三大特性：

节节高升：提醒我们不论遇到任何状况，均应层层突破，积极学习，坚持到底，永不放弃。当知成就越高，相对的考验也会越大！唯有积极突破，才有提升的机会。

中空虚心：谦虚是成功的特质，犹如稻子一般，果实越丰硕，它腰便弯得越低。反而自卑渺小之人，才会表现得高傲且自大。试问不先虚心又如何想学呢？

团结：可能很多人都不知道竹子会一群一群地聚在一起成长，它们会一起生，也会一起死，真是名副其实的生死与共。然而真正的生活中要找到一个志同道合的朋友已然不易，更何况要去领导一群人，还要他们能够团结合作。若非我们以身作则、以团体兴亡为己任，将自己变成每个人都需要且甘愿付出、带动团结的人，是无法凝聚那股共存共荣的团结力的。

导师寄语

竹子的三大特质，可使我们得到充分的启示，但在现今的社会形态之下，知道了就要在生活里落实，确切地做到。因为成功属于实践家而非思想家，环境的压力不是最大的困扰，真正难突破的是习惯的牢笼。找到好环境、良师益友，虚心学习，充实自我，塑造环境，共同成长，那么你将会是一个成功的人。

自己建造的房子

有个老木匠准备退休，他告诉老板，说要离开建筑行业，回家与妻子儿女享受天伦之乐。

老板舍不得他的好工人走，问他是否能帮忙再建一幢房子，老木匠说可以。但是大家后来都看得出来，他的心已不在工作上，他用的是次料，干的是粗活。房子建好的时候，老板把大门的钥匙递给他。

"这是你的房子，"老板说，"是我送给你的礼物。"

他震惊得目瞪口呆，羞愧得无地自容。如果他早知道是在给自己建房子，他怎么会这样呢？现在他得住在一幢粗制滥造的房子里！

🧑 导师寄语

我们又何尝不是这样。我们漫不经心地"建造"自己的生活，不是积极行动，而是消极应付。等我们惊觉自己的处境，却早已深困在自己建造的"房子"里了。

沙皮狗之死

在沙皮狗的家族里，有一个古老的传说。如果有一只狗能够横渡大沙漠，那将是全世界狗族里最、最、最伟大的荣耀了。

有一只年轻的沙皮狗，立下志愿要去横渡大沙漠。众狗族当然欣喜若狂，有的为他准备饮水，有的为他准备粮食。一阵忙碌，总算准备好了充足的行囊。某天清早，它终于在大家的祝福声中，踏上了创造历史之路——横渡沙漠。

过了不到三天，消息传来，说沙皮狗已然死在沙漠之中。死因并非缺水、断粮，更不是经历了什么意外，而是……脑筋急转弯……

它是憋死的。（因为找不到电线杆）

🧑 导师寄语

沙皮狗死于没有电线杆就不尿尿的小毛病。在现实的生活中，也有很多人满怀壮志理想，想走上成功之路，往往只因为思想上、行为上、习惯上的小毛病不改，而一事无成。我们要有诸如不断地学习新知、革除懒惰的习性，养成乐观态度等成功的特质。怎么可以放纵自己，妄想在没有做好万全准备前就有所成就呢？

时 间

哲人伏尔泰问：

"世界上，什么东西是最长而又是最短的；最快的而又是最慢的；最能分割的又是最广大的；最不受重视的又是最受惋惜的；没有它，什么事情都做不成；它使一切渺小的东西归于消灭，使一切伟大的东西生命不绝？"

智者查帝格回答：

"世界上最长的东西莫过于时间，因为它永无穷尽；最短的东西也莫过于时间，因为人们所有的计划都来不及完成；在等待着的人看来，时间是最慢的；在欢乐的人看来，时间是最快的；时间可以扩展到无穷大，也可以分割到无穷小；当时谁都不重视，过后谁都表示惋惜；没有时间，什么事都做不成；不值得后世纪念的，时间会把它冲走，而凡属伟大的，时间则把它们凝固，永垂不朽。"

导师寄语

"一寸光阴一寸金"，把握时间，就能获得成功。

风和火柴

一根纤细的火柴被主人划着了，火苗欢舞着，异常兴奋。

远处的风看见火柴纤弱的生命，在顷刻间即将灰飞烟灭，感到十分惋惜，

便疾速跑过去，一口气吹灭了燃烧的火苗，救了火柴。

熄灭的火柴被主人扔在了地上。火柴抬头对风说："风婆婆，你怎么吹灭了我呀？"

风回答说："孩子，我是不忍心看着你短暂的生命那么快就完结了啊。"

火柴听后，叹息道："唉，风婆婆，我短暂的生命最大的价值就在于燃烧啊，可你却扼杀了我短暂生命中的闪光点……"

导师寄语

每个人都有每个人的价值，只是个人奉献的程度不同罢了。我们应该正视自己的价值所在，让世界充满爱，让我们生活在阳光中。但一定要防止爱的过度，变爱为害，否则将是一场悲剧。

明确目标

有一位父亲带着3个孩子，到沙漠去猎杀骆驼。

他们到达了目的地。

父亲问老大："你看到了什么呢？"

老大回答："我看到了猎枪、骆驼，还有一望无际的沙漠。"

父亲摇摇头说："不对。"

父亲以相同的问题问老二。

老二回答："我看到了爸爸、大哥、弟弟、猎枪、骆驼，还有沙漠。"

父亲又摇摇头说："不对。"

父亲又以同样的问题问老三。

老三回答："我只看到了骆驼。"

父亲高兴地说："答对了。"

👤 **导师寄语**

　　制定目标能产生效果，秘诀就是"明确"二字，成功的目标必须是明确的。进一步说，目标要具体化、要量化，不能飘忽不定。

故步自封

　　海螺的壳相当坚硬，它生活得无忧无虑，因为它深信，只要它不把头伸出来就无人伤害得了它。

　　海螺的好朋友鲽鱼羡慕地对它说："螺兄，你的要害真是保护得相当严密，只要盖上外壳，谁也无法伤到你，这的确是十分美妙的构造。"

　　海螺很自信地说："只要像我这样，就不会有任何苦恼。"此时，突然传来"叮"的一声，海螺立即紧闭外壳，"到底是什么声音呢？难道是鱼钩吗？以前曾经有过这种事情，千万不可大意。也许鲽鱼已经被捉住了，不晓得它现在如何了。幸好，我还能平安地活着，真该感谢我这坚硬的外壳啊！"

　　经过了一段时间，海螺心想，现在打开外壳应该没问题了吧？于是，海螺就把头伸出来，看看四周。

　　这一看，吓了海螺一跳。它发现周围的环境相当陌生。

　　仔细一看，原来自己已经被贴着"50元"的标签，摆在海鲜店的摊位上。

　　海螺的壳是它的保护伞，它以此为傲，认为只要自己把壳关得紧紧的，就可以不怕任何危险，就可以高枕无忧了。

👤 **导师寄语**

　　海螺只看到了自己的小世界，它认为只要保护好自己就行了，它没有看到壳外的大世界，外面有海水，有鲨鱼，也有渔网。它最后因为自己的固守自封被人捉去贴上了标签。

生命的时钟

　　有一天我做了一个梦，梦见自己好像掉进黑洞里一般，四周伸手不见五指，只觉得自己好像在飞一样一直往下掉，一直掉（这感觉蛮刺激的）。突然间，我看见前方有一点亮光，我就奋力往光源处飞去。终于来到了一间破旧的茅草屋前，四周空无一物，似乎那房子也是飘在空中一般（简直太神奇了）。在好奇心驱使之下，我走进了那破旧的茅屋。只见在微弱的灯光下，整个屋子所有的墙上都挂满了各式各样的时钟。正好奇为什么会有这么多时钟时，突然出现了一个老太婆（也不知道是怎么变出来的），冲着我笑了一下，问道："你来干啥？"其实我自己都不知道为什么会来到这里。但我反问她："这里为什么会有这么多钟？"老太婆微笑着说："我在这里管理生命与智慧的时钟，只要是还活着的，就一定会有一个属于他的生命钟。而且智慧越高，生命钟走得越慢；越笨、越不懂得珍惜生命的人，他的生命钟就走得越快，寿命就越短。"听到这里，我就急忙想找找自己的生命钟在哪里。老太婆似乎看懂了我的心思，就问我叫什么名字。我告诉她以后，她想了一会儿，就笑着对我说："因为你的生命钟走得太快了，所以我把它拿去当电风扇了。"

👤 导师寄语

　　珍惜生命，生命就会越长，人生也会越来越精彩。

动手与动心

在佛学的典故里，有这么一个故事。以前在南方有位得道高僧名叫六祖惠能。而当时与他齐名的尚有北方的无藏神尼。他们德高望重，各据一方，井水不犯河水。

某日六祖惠能来到北方。因为盛名在外，故而北方人亦欣喜若狂，大摆长龙，前来听他说法。无藏神尼也深感好奇，这六祖到底身具何能，何不试他一试，遂带了一本《金刚经》来找六祖惠能论经（公开在众人面前讨论，若无真才实学，这是很失面子的事）。神尼见到了惠能，即当众客气地请六祖为他解释《金刚经》。六祖诚恳地回答："抱歉，神尼，因为我不识字，可否请您将经典念给我听，或将大意告诉我，我就可以为您解经。"神尼与徒众闻说六祖不识字，深感失望。这岂非浪得虚名？这时，神尼便回答六祖："这本《金刚经》是论心的作用。"六祖当下便对神尼说："既然是谈'心的作用'那么我可以为您解经了。"众人闻言均聚精会神地看六祖如何解经。

六祖遂离座而起，走向神尼，来到神尼面前，先露出亲切微笑，后又伸手，去摸了一下神尼的手臂。他以一代高僧的身份做出这种轻浮举动，除了众人深感意外之外，就连神尼也气急败坏地指责六祖惠能无礼。却见六祖哈哈一笑，回答说："这便是'心的作用'，看我只是动手而已，您看您自己的心，却是动到哪里去了。"

👤 导师寄语

心中过多地假设，容易扭曲事理的本质。学习的作用在于置心一处。专心致志，做什么、像什么，分清场合，扮演适当的角色才不致错乱，才能使自己充分掌握时机与状况。深思熟虑是细心，但过多的推论易使自己陷入主观，制造不必要的误会，实在不可不慎！

人的欲望

有一个人死后，在去阎罗殿的路上，遇见一座金碧辉煌的宫殿。宫殿的主人请求他留下来居住。

这个人说："我在人世间辛辛苦苦地忙碌了一辈子，现在只想吃、想睡，我讨厌工作。"

宫殿主人答道："若是这样，那么世界上再也没有比这里更适宜你居住的了。我这里有山珍海味，你想吃什么就吃什么，不会有人来阻止你。而且，我保证没有任何事情需要你做。"于是，这个人就住了下来。

开始的一段日子，这个人吃了睡，睡了吃，感到非常快乐。渐渐地，他觉得有点寂寞和空虚，于是去见宫殿主人，抱怨道："这种每天吃吃睡睡的日子过久了也没有意思。我对这种生活已经提不起一点兴趣了。你能否为我找一个工作？"

宫殿的主人答道："对不起，我们这里从来就不曾有过工作。"又过了几个月，这个人实在忍不住了，又去见宫殿的主人："这种日子我实在受不了了。如果你不给我工作，我宁愿去下地狱，也不要再住在这里了。"

宫殿的主人轻蔑地笑了："你认为这里是天堂吗？这里本来就是地狱啊！"

导师寄语

是上天堂，还是下地狱，决定权在于自己。人生的价值在于创造，在于奉献。古人说"哀莫大于心死"，悲剧多来自不切实际的幻想，灭亡多产生于对贪图享受的向往，任何不劳而获的念头都是危险的。

人类的优点

某日，老虎和猴子一块儿聊天。

老虎对猴子说："听说人类是你们猴子变的，但我劝你千万别变成人。"

"为什么？"猴子很诧异，"人的衣食住行，样样比我们强。"

"真是笑话，"老虎大吼了一声，"他们哪一样比得上我？"

"先说吃吧，他们吃生的怕拉肚子，只吃肉又嫌油腻，吃少了营养不良，吃多了又怕发胖。"

"对！对！人类的'食'真的不如你。"猴子服气地说，"那么衣呢？"

"那是因为他们天生光溜溜的，没有衣服一定会挨冻。"老虎笑着说。

"太有道理了，"猴子忍不住鼓起掌来，"但是人类有自己的房子啊！"

"他们的水泥洞，几十家用一个大门，有什么好的。"老虎接着说，"举个例子吧，只听说人类大楼失火，一死就是几十人，总没见过森林失火，老虎被烧死在洞里吧？"

"还是你们老虎高明，"猴子说，"但是，没见过你们老虎开汽车呀？"

"那是因为人类体质差，跑不快，又走不远，才不得不开车的。而且，机器出故障不能开，油用完了不能开，路况不好也不能开。"

"对，对。"猴子一边说了几十个对。但就在这时候，远处突然传来砰砰的枪声。

"糟了，人来了，我得跑了。"老虎一溜烟儿跑进了森林深处。

"喂！"猴子大声喊道，"你不是说人类不如你吗？"

"但是，他们懂得相互帮助、团结合作啊。"老虎的声音隐约传来。

导师寄语

佛经上有一个故事，有一天佛祖问弟子们："一滴水怎样才能不干涸？"弟子们想了半天，无人能答。佛祖笑着说："把这滴水放到大海里，它就永远

不会干涸。"懂得互相帮助、团结合作，才能使一个人走得更远。

感谢你的敌人

一位动物学家对生活在非洲大草原奥兰治河两岸的羚羊群进行过研究。他发现东岸羚羊群的繁殖能力比西岸的强，奔跑速度也不一样，东岸羚羊每分钟跑的距离要比西岸的长13米。

对这些差别，这位动物学家曾百思不得其解，因为这些羚羊的生存环境和属类是完全一样的。

有一年，他在动物保护协会的协助下，在东西两岸各捉了10只羚羊，把它们送到对岸。结果，运到东岸的10只剩下3只，那7只全被狼吃掉了。

这位动物学家明白了，东岸的羚羊之所以强健，是因为在它们附近生活着一个狼群；而西岸的羚羊之所以弱小，正是因为缺少这么一群天敌。

导师寄语

大自然的法则就是"物竞天择，适者生存"。没有竞争，就没有发展；没有对手，自己就不会强大；没有敌人，谈什么胜利？因而，从一定程度上讲，我们也要感谢敌人的存在。

莲花的启示

莲花是佛教的教花。为何佛教在千万种花里会选择莲花当教花呢？只因为莲花所具备的特质，是人世最有智慧的特质。

"出淤泥而不染"是莲花的第一个特质，即在任何污浊的环境里，它依然可以开出圣洁无染之花。

试想我们在努力追求成功的过程里，必然经历金钱、权力、威迫、压榨、诱惑等诸多横逆，有如浓浓污泥，层层打击着渴望成功的志节。同流合污的无奈，几乎已经成为成功的另一种台阶，想要成功而又不辱及志节，唯可应用一句话来注解：在行动上若能以造就别人为己志，将经验留在人间，扩大生命的空间与价值，吾深信志节的转换都是为了适应环境。若能找到一个好环境就能导正我们迷失了的习性，使我们能得到充分的鼓励与肯定。不明确的升迁会使人停顿，不良的公司制度会使人与人相互恶性竞争，而使人性变恶，因此在奋斗过程中，积极去寻找一个好制度是革新心志与明确未来方向之要务。好环境能使人在安定中成长，好制度可使人积极努力，全力以赴。既安定又有明确目标，促使人积极进取，怎可能不开出成果之花呢？

莲花的第二个特质是，它细细的花茎，竟能承受那肥大厚重的花瓣及莲蓬。足见其弹性、耐力、柔软度、适应力，这些都是人性上最重要的成功习性。

"当环境不能改变时，先改变想法"这种乐观的观念，才能为生活注入一股弹性的生命力不致想不开，才不会被恶劣环境困住。故承担使命务必先有乐观的心志，相信每一天都是全新的开始，感受每一天都能拥抱生命的喜悦。不再用抱怨、指责、悲哀来填补生活，坚持到生命的最后，则您已经是一个相当成功的人了。

因此"出淤泥而不染"与"生命的弹性"实在是现代人奋斗中最重要的课题。莫忘，为自己找个好环境，定一套好制度，使自己在有限的生命里，积极造就自己，使人生散发出光和热，使自己成为下一代起身效法的表率。

📖 导师寄语

"出淤泥而不染"与"生命的弹性"是一个人走向成功的两大法宝，需要用心领悟。领悟，需将它运用在生活作息上，确切做到"言教不如身教，身教不如境教"，去带动、引导您所关心的每个人吧！

驯　马

阿拉伯有一位著名的驯马师，他驯出来的马甚至被称为神马。熟悉驯马师的人都知道，每天早上，驯马师会指挥着一群马绕圈子跑，这其中有雄健的大马，也有很小的幼马。驯马师的助手，则一边呵斥着马，一边抓着马鞭左右跳跃，看起来活像马戏团的特技表演。到了中午，沙漠的太阳正毒，驯马师却和他的助手骑马向沙漠深处奔去，下午4点，当他们返回时，人们才发现他们每人手上都拿着一把弯刀，仿佛出征归来的样子。

有人问驯马师："你为什么要叫许多马绕圈子跑呢？"

驯马师说："因为我教那些小马，跟在大马身后，学习听口令和顺服。没有大马的带领，小马是很难教的。如果我是老师，大马就是家长，我在学校教导，父母在家中带领，任何一方都不能少。"

"那你的助手为什么要抓着马鞭左右跳跃呢？"

"那是教马学会均衡，维持稳定。"

"至于中午的时候骑马出去，"驯马师接着说，"是因为中午天气最为炎热，让马在一望无际、其热如焚的沙漠里奔跑，这是一种磨炼，经得起的才能成为千里马。而弯刀，是我们故意舞给马看的，用刀光闪烁刺激马的眼睛，发出强烈的音响。经历这种场面，还能镇定自若，才能成为最好的战马。"

📖 导师寄语

人的成长与驯马是同样的道理，正如俗语所说："自在不成人，成人不自在，不受苦中苦，难为成功人。"

各有价值

从前有个国王，得了一种世界上罕见的奇病。经医生诊断，此病只有喝了狮子的奶才能痊愈。可是怎么样才能得到狮子的奶呢？大家都一筹莫展。

有一个聪明的男孩子得知此事后，想出一个办法。他每天跑到狮子洞穴的附近，给母狮子送上一只小兔子。到第10天，他和母狮子很亲密了，终于顺利地取到了一点狮子奶，可以给国王当药用。可去王宫的路上，他自己身体的各部分却吵起架来，闹得不可开交。吵什么呢？原来是争论身体的哪个部位在取奶的过程中最重要。

脚说："如果没有我，就走不到狮洞，自然就取不来奶。"

手说："如果没有我，拿什么取奶？"

眼睛说："如果没有我，看都看不见狮子，怎么取奶？"这时，舌头也突然加入进来，说："如果不能说话，你们一点用处也没有。"

身体各部位一听，更不服气，群起而攻之："你舌头没有骨头，完全没有价值，别再妄自尊大。"

舌头一看情势不妙，赶紧闭口不语。

进了王宫，舌头又开口说："到底谁最重要，待会儿你们就知道了。"

到了国王面前，男孩儿献上狮子奶，国王分辨不出是什么奶，便问那男孩子。

男孩子回答说："这是狗奶。"

这时身体各部位才知道舌头的重要，连忙向它道歉。于是，舌头才改口说："不是，是我说错了，这是货真价实的狮子奶。"

🧑 导师寄语

每一件事物，每一个人都有其优势，都有其存在的价值。在一个团队中，没有谁的地位更显赫、更重要，只是分工不同罢了。为了事业，人人都要发挥

团队精神，精诚合作，才能做到"人心齐，泰山移"。

上帝没有轻看卑微

一位父亲带着儿子去参观梵·高故居，在看过那张小木床及裂了口的皮鞋之后，儿子问父亲："梵·高不是位百万富翁吗？"父亲答："梵·高是位连妻子都没娶上的穷人。"

第二年，这位父亲带儿子去丹麦，在安徒生的故居前，儿子又困惑地问："爸爸，安徒生不是生活在皇宫里吗？"父亲答："安徒生是位鞋匠的儿子，他就生活在这栋阁楼里。"

这位父亲是一个水手，他每年往来于大西洋各个港口，这位儿子叫伊东·布拉格，是美国历史上第一位获得普利策奖的黑人记者。

20年后，在回忆童年时，他说："那时我们家很穷，父母都以出卖苦力为生。有很长一段时间，我一直认为像我们这样地位卑微的黑人是不可能有什么出息的。好在父亲让我认识了梵·高和安徒生，这两个人告诉我，上帝没有轻看卑微。"

🧑 导师寄语

富有者并不一定伟大，贫穷者也并不一定卑微，上帝是公平的，他把机会撒到了每个人面前。无论一个人出身如何，抓住机会，不懈奋斗，都会赢来属于自己的成功。

苹果与西瓜

曾经有个小孩，不经意地问了这么个问题："为什么，西瓜不长在树上，苹果不长在地上？"乍一听还真不知该如何回答，但仔细一想，还真不得不佩服天生万物各有所司的智慧。

不知道你想过没有，苹果那么小，却长在高高的树上。不正显示人越渺小，越会表现出高高在上的自大，生怕别人瞧不起自己。而西瓜那么大，却生在地上，不也正表现出越有成就的人腰就弯得越低。由此可知，谦虚是有成就者的另一种表征。虽然，你在财富上或许还没有成就，但是态度决定你的成功而非成功决定你的态度，有好的人际态度，谦虚有礼、虚心向学，则必会成为一个受欢迎的人，进而就会变成一个重要的人了。

记得当时我回答那小孩的答案是："因为西瓜太大，如果挂在树上，万一不巧掉下来，打到人，那……"当时我只想，天下万物各有依归，均生长在该生长的地方。好比人生在世处处都有不如意，处处都有不公平，如果上天将我们投生在困苦的环境里，必是要磨炼我们心志，充实我们先天条件之不足（记住，天将降大任于斯人也，必先苦其心志，劳其筋骨……），更是为了赋予我们更大的人生使命。只要你经历过考验，则你将会有一般人享受不到的大荣耀。否则你将会被时代淘汰，届时你也别怪世道无情。因为造就自己，本来就是自己的事。二十岁之前你可以怪父母没有给你好的环境，但二十岁之后你就该自己为自己负责了。切记不论别人如何看不起我们，不管命运如何凄凉，我们绝不可轻视自己，甚至不可放弃自己，当知天生我才必有用呀！

🔲 **导师寄语**

只要用好学与谦虚的心境去面对事情，就就业业，尊重自己的价值必可在自己的岗位上创造出累累果实。

哥哥的圣诞礼物

　　保罗出身于一个殷实的家庭，这一年的圣诞节前，他的哥哥送给了他一件了不起的圣诞礼物——一辆崭新的蓝鸟牌轿车。

　　圣诞前夜，兴奋的保罗独自开车出门兜风，当他停在街头买可口可乐时，发现一个与自己年龄不相上下、棕色皮肤、像街头小流氓的家伙正瞪着一双大眼睛上下不停地打量着这辆闪闪发光的新车。见保罗走过来，他有几分羡慕地问："你自己的？"

　　保罗点一下头，故作轻松地说："是哥哥送给我的圣诞礼物。"那小子吃惊地瞪圆双眼："你，你是说，你哥哥送给你的，没花你自己一个子儿？"

　　保罗得意地闭了一下眼，算是肯定的回答。

　　"天哪！"这小子大声叫道，"我真羡慕……"

　　保罗当然知道他希望的是什么，他希望自己也有一个那样的哥哥。

　　可那小子的话却让保罗大吃一惊。

　　"我真希望自己是一个那样的哥哥！"

　　保罗愣了片刻，待他确定自己没听错这句话时，突然问："你上来开一段？"

　　"真的？"小伙子十分惊喜。

　　保罗二话没说，为他打开车门。小伙子坐在车里，高兴地、小心翼翼地摸摸这里，碰碰那里，然后有几分不好意思地问："能开到我家门前吗？"

　　"没问题！"保罗知道，他准是想让他的同伴们看看他自己能坐在这样一辆漂亮的车上。

　　经指引，他把车开到一栋破旧的公寓楼前。

　　小伙子抑制不住满脸的喜气，又问："你能在这儿等我一小会儿吗？"

　　"当然。"

　　小伙子快步跑进楼里，不一会儿，他架了一个双腿不能行走的十四五岁的男孩子出来。看模样，这是小伙子的弟弟。

哥哥把弟弟放在台阶上坐好，指着保罗的车说："看！就是他，就是这辆车！他哥哥把这辆车送给他做圣诞礼物，没花他自己一分钱！好兄弟，你等着吧，以后总有一天，我也要送给你一件这样的圣诞礼物。你可以自己开着车上街看看，圣诞的夜晚多好看呀！再不用老是坐在窗前听我给你说了……"

保罗的双眼湿润了，他满怀崇敬地下车，一字一顿地说："请上车，我们现在就一块儿去看圣诞夜景。"

导师寄语

人生的最高境界是无私地帮助别人，满足别人的愿望是对自己心灵的最大安慰。

勤奋练习

一位魔术大师在苏丹面前表演魔术，他的精彩表演深受苏丹赞赏，被称为天才。

可是一位大臣说："陛下，大师不是从天上掉下来的，这位大师的技艺，是他勤奋练习的结果。"

苏丹被臣子反驳之后，感到大为扫兴，于是他轻蔑地对臣子大喊道："你不是任何天才，你到牢房里去吧！在那里你可以好好考虑我的话。为了不让你感到寂寞，送给你一只小牛犊做伴。"

从到牢房的第一天起，这位大臣就练习抱着小牛犊，从下面的台阶一直走到塔楼。几个月后，小牛犊长成了一头很结实的公牛，大臣的力气也大增。

一天，苏丹突然想起他的大臣还在监牢里，于是就去看他。当苏丹看到他时，非常惊讶："真主呀，这多么神奇，多么不可思议呀。"

这位大臣，用双手捧着一头大牛，对苏丹说了从前说过的话："陛下，大师不是从天上掉下来的。我的力量是我勤奋练习的结果。"

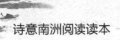 **导师寄语**

一分汗水，一分收获，世上没有轻而易举得到的本领，天才来源于勤奋。

风与太阳的比赛

有一天风神与太阳神在争吵，争谁的力量比较大。这时见到远方正有个年轻人走过来，太阳神就提议说："风神，如果你能将那年轻人身上穿的大衣吹下来，我就承认你的力量比我大。"风神闻言，哈哈大笑说："这简直太容易了，大树我都可以连根拔起，何况是一件衣服。"接着马上吹起了一阵强风，只见那年轻人非但未将大衣脱下，反而更将大衣扣子全部扣上。只见风神心愈急，风吹得愈大、愈凶，而那年轻人，干脆蹲在地上，全身缩成一团，根本不可能把衣服脱下来。风神见状，干脆放弃了。接着轮到太阳神，太阳神只是探出头来，对着年轻人轻轻一笑，随即阳光普照、热力四射。太阳神遂愈笑愈开心，只见年轻人慢慢解开大衣扣子，接着一边擦汗，一边将大衣脱了下来。至此风神不得不认输了！

导师寄语

"爱"是太阳神的力量，充满亲切与关怀，可使人褪去武装的外衣。而加之于人的要求与暴力，只能使人更提高防御心理。不论是你去求人，或人要求你，在不能如愿时，都会带来某种程度的痛苦，从而失去自在的初发心。故"鼓励可将白痴变天才，而指责会将天才变白痴"实在是人生一大真理。

领 悟

从前，有位樵夫生性愚钝，有一天，他上山砍柴，不经意间看见一只从未见过的动物。于是，他上前问："你是谁？"

那动物开口说："我叫'领悟'。"

樵夫心想：我现在就是缺少'领悟'啊！把它捉回去算了！

这时，"领悟"就说："你现在想捉我吗？"

樵夫吓了一跳：我心里想的事它都知道！那么，我不妨装出一副不在意的模样，趁它不注意时赶紧捉住它！

结果，"领悟"又对他说："你现在又想假装成不在意的模样来骗我，等我不注意时，将我捉住。"

樵夫的心事都被"领悟"看穿，所以就很生气：真是可恶！为什么它都能知道我在想什么呢？

谁知，这种想法马上又被"领悟"发现。

它又开口："你因为没有捉住我而生气吧？"

于是，樵夫从内心检讨：我心中所想的事，好像反映在镜子里一般，完全被"领悟"看穿。我应该把它忘记，专心砍柴。

樵夫想到这里，就挥起斧头，用心地砍柴。

一不小心，斧头掉下来，却意外地压在"领悟"上面，"领悟"立刻被樵夫捉住了。

👤 导师寄语

人们不要去强求不属于他自己的东西，要学会顺其自然。有的人违背规律去办事，就会步步艰难；而有的人顺应规律，就会得心应手，一路坦途。

大将军生气了

有个战功彪炳的大将军，一日来到南山寺，特别拜见了南山老和尚，想请教老和尚是否真有天堂或地狱。

大将军来见南山和尚时，老和尚正在念经，大将军恭敬地问和尚，这人世间是否真有天堂或地狱。老和尚闻言顺手就拿起手中敲木鱼的木杖，轻敲了一下大将军的头。大将军一边摸着头一边很生气地怒骂老和尚，为何无故打人，是否找死。老和尚深深看了大将军一眼说："您现在就是在地狱里。"大将军闻言顿时开悟。随即谦恭地拜谢老和尚教诲。老和尚微笑着说："嗯！你现在已经活在天堂里了。"

导师寄语

天堂与地狱不在别处，而在我们每个人的心里面。当您心中有祥和之爱时，便已生活在天堂。反之当您心中有仇恨愤怒时便已是活在地狱。往往成功与失败，快乐与痛苦之间的距离，也只在一念之间。身为现代人更应知道，人与人最大的距离，并非成就，而是想法，因为想法不同，做法就会不一样，当然成果自然就会有差距。因此想成功，务必先革新自己的观念，去跟成功的人学习。学习成功者的思想、成功者的习惯，必可改变未来。人生努力过程中浪费最多时间的莫过于"摸索"。因此向成功者学习他们身上的经验，才可能缩短"摸索"期，真正为缩短拼搏时间而努力。

都 错 了

某寺庙有四个和尚，约好一起闭关，修习"不语禅七"（就是一起关在一间房间里，七天六夜不可讲话）。

在闭关日，四人就拿着一支蜡烛进入了密室，四人盘足围绕蜡烛而坐。过了良久，蜡烛已烧到尽头，忽明忽暗。其中一个和尚忍不住说："咦！蜡烛快熄了。"他话刚讲完，靠他左边的第二个和尚说："嘘！静坐不要讲话。"语音还没停，第三个和尚狠狠瞪了他们二人一眼说："你们两个通通不要讲话。"只见那第四个和尚窃笑着说："嘻嘻，只有我没有讲话。"

👤 导师寄语

本文最后的结果是四个和尚都说话了。第一个和尚为环境现象牵动心境，情有可原。第二个和尚为指责别人而不知自己也在犯错（指责他人本身就是一种错误）。第三个和尚大声喝阻别人，犯的错更大（沟通只宜提升讲话内容，不宜提高讲话声量）。至于那第四个和尚在他暗自庆幸、幸灾乐祸时，也犯了嘲笑他人的过错。这正显示了现今典型的社会现象，多数人都喜欢去谈论人的缺失，以突显自己的优越感，而不懂看别人的优点，进而学习别人的优点使自己真正进步。轻慢之心是成长过程中最大的绊脚石，不可不引以为戒。

手心向上与手心向下

从前有两个好朋友，在过世后，两个人都到了阎罗王那里报到，阎罗王就问他们来生希望投胎做什么。

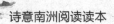

第一个回答说："我希望来生能做个能给人很多东西的善人。"

第二个想了一会儿就告诉阎罗王说："来生我希望能做个只要张口就有饭吃，只要伸手就有钱拿，一生不愁吃、不愁穿的人。"阎罗王听完就命令他们二人快去投胎。

第一个投胎成为一个有钱人，他能够手心向下做个给人东西的人，救济穷人，做了很多好事。第二个则投胎成为乞丐，一生做个手心向上，任何东西都只能向别人要，等待别人来施舍、救济的人。

🖕 导师寄语

做个手心向下的人会变得富有，做个手心向上的人会变得贫穷。因此不论碰到什么事，不懂可以去向懂的人请教，但千万不可任由别人替你做，否则你永远不会有能力，即使有点短暂的成就，也不会长久。在对待别人时更应注意，"爱"是让他懂而非替他做；想要让他懂，则必须用适合他的方法，而不是用自己的方法帮助他找回人生定位。有了明确的人生定位的人，自然就不会放纵自己，就会懂得明定目标、寻找机会、充实能力、开创未来，终生做个手心向下的人。

生命中的五个球

几年前在某个大学的毕业典礼上，可口可乐的总裁Brian Dyson说了一段有关工作与其他事物之间关系的话：

"想象生活是一场比赛，你必须同时丢接五个球，这五个球分别是工作、家庭、健康、朋友以及精神生活，然而你不可让任何一个球落地。你很快就会发现工作是一个橡皮球，如果它掉下来，它会再弹回去，而其他四个球：家庭、健康、朋友以及精神生活是玻璃制的，如果你让这四个球其中的任何一个落下来，它们会磨损，甚至会粉碎，而一旦落下，它们将不再和以前一样。"

👤 导师寄语

在人生中必须平衡工作、家庭、健康、朋友以及精神生活的关系，而且，后四者往往比工作更重要，更需要呵护。

大马过河

有一位军官，骑着一匹马来到河边，想要过河又找不到一座桥，想涉水而过又怕水太深。正在犹豫时，看见一个小孩正在河边玩水，心想这小孩经常在河边玩，一定知道这河深不深。就喊小孩过来，问他这河可不可以涉水而过。这小孩听说他要过河，就很认真地打量了一下他骑的那匹马，随即对着军官说："没有问题，这河不深，你的马一定可以过得去。"军官大喜，马上催马过河，谁知马下河还不到一半，水已经淹到马头。军官一看情形不对，马上停止前进，将马转头骑回岸边。军官很生气地指责小孩怎可骗人。那小孩被骂得一脸茫然，红着脸，抓着头说："好奇怪哦！我刚才看见一群鸭子过去，它们腿那么短，都很轻松就过河去了，而你的马，它腿那么长，怎么会过不去，真是奇怪？！"军官听完啼笑皆非，怪也只能怪自己问道于盲了。

👤 导师寄语

这故事反映了一种社会通病，很多人在做事或创业上会失败，大多是因为他们没有去请教在该行业里的行家（真正成功的人），只知道去问一些有失败经验甚至至今还在失败的人。失败的人用那一知半解的态度，以推论当结论，以有限的知识去猜测不可知的未来，将投资推向高度的冒险。"不耻下问"，是古已有的明训，请减少错误的求教吧！

接纳自己

有位电车公司的服务小姐，年方18岁，她做梦都想当个职业歌手，可是她容貌不够漂亮，她是龅牙。后来，一个偶然的机会，她到一个俱乐部演唱，首次展现自己的容貌与歌喉，她十分紧张，唯恐观众发现她不雅观的牙齿，于是将上唇抿着，希望借此引开观众的注意力，结果弄巧成拙。在观众席中，有位乐师听了她的歌声，认为她具有歌唱才能，乐师在演出后对她说："刚才在台上你所有的动作我都看得清清楚楚。你尽量抿着嘴唇不使龅牙露出来，你真的以为自己的牙齿不好看吗？"听罢，姑娘羞得满脸通红。乐师又说："那有什么值得羞耻的呢？龅牙又不是你的罪过，放声唱吧，你会得到观众的喜爱的。"这位小姐终于听从了乐师的劝告，接纳自己。此后，每逢表演，她都尽情地张开嘴，开怀歌唱。不久，她便成了深受观众欢迎的歌星。后来，很多演员竟也学起她的舞台形象来。

导师寄语

许多人因生理上的缺陷，使奋发向上的热情和欲望被"自我设限"压制、封杀，若没有得到及时的疏导与激励，将会永远丧失信心和勇气。

黑人烫头发

有一天电视上正在报道某国家闹饥荒，每个镜头都是非洲小孩饿得骨瘦如柴、奄奄一息的画面。大家正看得情绪低落、感伤不已时，老奶奶刚好从厨房出来。她看了一下电视，又看看大家的表情，用讶异的语气说："这是在演什么？"小弟很严肃地回答说："这些都是非洲难民，真可怜，都没有东西可吃。"老奶奶又认真看了一下画面，回头对大家说："你们千万别被骗了，这一切都是电视骗人。"大家都露出一副无法理解的表情看着奶奶。奶奶急忙又说："这就是你们年轻人没经验，你们没看见那些小孩，他们父母都有钱带他们去烫头发，又怎么会把他们饿死呢？"大伙一听，真是啼笑皆非！

👤 导师寄语

　　老奶奶以过去的知识与经验去评估现在世界的变化，当然会闹出这样的笑话。相形之下，我们想以今天的知识用到未来而不求新知，怎知未来不会弄出比老奶奶更大的笑话。社会在进步，我们也必须进步。今天的平安是过去的努力造就的，可见未来的安定也必须靠今天的学习才可以维持。故而今天的学习是为了减少明天的遗憾！加油吧！

灯　光

　　船在大海中遇上了突如其来的风暴，沉没了，全船人员死伤无数。他侥幸地获得一条小小的救生艇而幸免于难，他的救生艇在风浪中颠簸起伏，如同叶子一般被吹来吹去，他迷失了方向，救援的人也没有找到他。

　　天渐渐地黑下来，饥饿、寒冷和恐惧一起袭上心头。然而，他除了这条救生艇之外，一无所有，灾难使他丢掉了所有，他的心情灰暗到极点。他无助地望着天边，忽然，他看到一片片阑珊的灯光，他高兴得几乎叫了出来。他奋力地划着小船，他想那里既然能看到灯光，就一定是一座城市或港口，生的希望在他心中燃烧着。白天时，灯光看不清了，只有在夜晚，那片灯光才在远处闪现，像在对他招手。

　　三天过去了，饥饿、干渴、疲惫更加严重地折磨着他，好多次他都觉得自己快要崩溃了，但一想到远处的那片灯光，他又陡然添了许多力量。

　　第四天，他依然在向那片灯光划着，最后，他支持不住昏迷过去了，但他

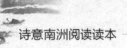

脑海中依然闪现着那片灯光。

晚上，他终于被一艘经过的船只救上来，当他醒过来时，大家才知道，他已经不吃不喝在海上漂泊了四天四夜，当有人问他，是怎样坚持下来的，他指着远方的那片灯光说："是那片灯光给我带来的希望。"

大家望去，哪里有什么灯光啊，那只不过是天边闪烁的星星啊！

在我们生命的旅途中，一定会遇到各种挫折和困境。这时，只要心头有一个坚定的信念，努力地去寻找，就一定会渡过难关。

🧑 导师寄语

在困境中如果你认为自己真的失败了，那么你就会躺下来；如果你对自己说"一定要坚持"，那么你就会走过险途，获得胜利。

不懈地奋斗

有这样一则寓言：

两只青蛙在觅食时，不小心掉进了路边的一只牛奶罐里，牛奶罐里还有为数不多的牛奶，但是足以让青蛙们体验到什么叫灭顶之灾。

一只青蛙想：完了，全完了，这么高的一只牛奶罐啊，我是永远也出不去了，于是，它很快就沉了下去。

另一只青蛙在看见同伴沉没于牛奶中时，并没有沮丧、放弃，而是不断告诫自己："上帝给了我坚强的意志和发达的肌肉，我一定能够跳出去。"它每时每刻都在鼓起勇气、鼓足力量，一次又一次奋起、跳跃，生命的力量与美展现在它每一次的搏击与奋斗里。

不知过了多久，它突然发现脚下黏稠的牛奶变得坚实起来。原来，它反复践踏和跳动，已经把液状的牛奶变成了一块奶酪！不懈地奋斗和挣扎终于换来了自由的那一刻。它从牛奶罐里轻盈地跳了出来，重新回到绿色的池塘里，而那一只沉没了的青蛙就留在了那块奶酪里，它做梦都没有想到会有机会逃出险境。

👤 导师寄语

人们都知道，"失败是成功之母"。但是要有被打趴下就再站起来，再被打趴下而再站起来的勇气是很难的。爱迪生为找做灯丝的材料，做了5000多次实验都失败了。有人问他："你已经失败5000多次了吧？"爱迪生说："不，不对！我不是失败了5000多次，而是知道了这5000多种材料不适合做灯丝，我还要继续下去！"

还有明天

有则寓言故事说：

某段期间，因为下地狱的人锐减了，阎罗王便紧急召集群鬼，商讨如何诱人下地狱。

群鬼各抒己见。

牛头提议说："我告诉人类，丢弃良心吧！根本就没有天堂！"阎王考虑了一会儿，摇摇头。

马面提议说："我告诉人类，丢弃良心吧！根本就没有地狱！"阎王想了想，还是摇摇头。

过了一会儿，旁边一个小鬼说："我去对人类说，还有明天。"阎王终于点了头。

因为世上没有天堂，你可以丢弃良心；因为世上没有地狱，你可以为所欲为。但是，这都不足以把一个人引向死亡。也许没有几个人会想到，可以把一个人引向死亡的竟然是"还有明天"。

👤 导师寄语

今天的事情，今天办，绝不能拖到明天。"明日复明日，明日何其多。"

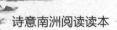
国王吃鸭腿

从前有一个国王，他非常喜欢吃鸭腿，每餐都务必要看到鸭腿才能吃得下饭。

有一天他吃来吃去，不解怎么每餐都只有一只鸭腿。随即将御厨召来，问他为什么今天一整天就只有一只鸭腿。御厨不慌不忙地回禀国王："国王您有所不知，现在鸭子都只有一条腿！"国王不相信，就命御厨带路来鸭舍求证一下。来到鸭舍，却见大多数的鸭子正在午睡，确实只用一只脚站立。国王遂拍手，叫醒鸭子。鸭子一醒，当然就用两只脚走路了。国王转头对御厨说："明明是两条腿，为何偏说一条。"御厨回报说："国王，您为了看鸭子是否有两条腿，尚且要为它拍手、鼓掌。可怜我为国王煮了四五年鸭腿，却从来没有得到您的称赞与鼓励呢！"

导师寄语

这故事提醒我们，人最容易疏忽的往往是离自己最近的人、事、物。正如父母、兄弟、姐妹、同事，我们是否经常给予称赞、鼓励？是否感激他们每天为我们所做的事？哪怕是一份早餐、一句叮咛、一句关怀，你都该去表达心中的谢意。这些说起来最微不足道的事，却都是维系情感最真实、最亲密的行为！何况一般人都还有"好话一千句你未必信，坏话一句记到死"的通病，怎可不常用"好话一句，做牛做马都愿意"来克服。不接近、不表达，等距离产生了、误会发生了，才想弥补，不是已经太晚了吗？希望各位在表达上做一点修正吧！用称赞让坏的变好，也让好的变得更好。

火鸡式的人性

　　火鸡是以前台湾农村一种相当普遍的家禽，几乎家家户户都会养几只。因为它们的体积可以比一般鸡大上二三倍，而且相当好养，又壮又不太会生病，所以人们都愿意养。更可爱的是它可以像孔雀一样，展开尾部的羽毛，虽不是很好看，但总是鸡族里相当特殊的一种。

　　它有一个习惯，只要有人去逗它，它就会发出一连串"咕噜、咕噜、咕噜"的叫声，相当好玩。它那种反应，让我觉得很像现代人，不管碰上什么事情，都会习惯先说"我知道了，我听过了，我看过了，我做过了"。这些反应跟火鸡实在很像。但你若仔细去想，当你讲"我知道了"的时候，是否对那些事情真的知道呢？当你在说"我听过了"的时候，是否也深刻地省思到底你是把它听进去了，还是左耳进、右耳出，只是听过而已呢？我们一生会听过很多东西，有好的，也有不好的，有使人进步的，也有使人堕落的。若我们能调整耳朵，把好的听进去，把坏的倒出来，尤其是一些使人成功的机会、演讲，都必须先姑且信之，再细心求证，做好最好设计和最坏打算，估量得失再做出最后决定，才不致像火鸡一样用那些毫无自信的应付语句来欺骗自己。

👤 导师寄语

　　火鸡能展开漂亮（有一点吧！）的尾巴（好比我们在应付人家时说"我知道、我懂"时的自我膨胀），但你别忘记当火鸡一转身时，它就只剩下一个屁股了。当心，应付别人久了之后，自己的内在也会像火鸡背面一样了！

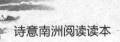

两只老虎

有两只老虎，一只在笼子里，一只在野地里。

在笼子里的老虎三餐无忧，在外面的老虎自由自在。两只老虎经常进行亲切的交谈。

笼子里的老虎总是羡慕外面老虎的自由，外面的老虎却羡慕笼子里老虎的安逸。一日，一只老虎对另一只老虎说："咱们换一换。"另一只老虎同意了。

于是，笼子里的老虎走进了大自然，野地里的老虎走进了笼子。从笼子里走出来的老虎高高兴兴，在旷野里拼命地奔跑；走进笼子的老虎也十分快乐，它不用再为食物发愁。

但不久，两只老虎都死了。

一只是饥饿而死，一只是忧郁而死。从笼子中走出的老虎获得了自由，却没有同时获得捕食的本领；走进笼子的老虎获得了安逸，却没有获得在狭小空间生活的心境。

🧑 导师寄语

人们都觉得别人比自己活得好，殊不知，各有各的幸福，富人有富人的烦恼，穷人有穷人的欢笑。安贫乐道，做好自己，足矣。

最大的敌人是自己

某晚，有位妇女在机场候机，在起飞之前她还有好几个小时的时间，她在机场商店里找到了一本书，买了一袋甜饼之后找个地方坐下。她沉浸在书里，却无意中发现，那个坐在她旁边的男人，竟然如此无耻，从他们中间的袋子里抓起一两块甜饼，她试着回避这件事，避免大发脾气。

当那个"偷饼贼"继续减少她的甜饼的时候，她越来越气愤。她每拿一块甜饼，他也跟着拿一块。当只剩一块时，他的脸上浮现出笑意，并且略带拘谨，他抓起了最后那块甜饼，把它分成两半。他递给她半块，自己吃了另一半。她从他手里抢过半块饼，并且想到：啊，天哪，这个家伙还真有点紧张，却很无礼，他为什么连感谢的话都不说一句？

当她的航班通知登机时，她如释重负般松了口气，收拾起自己的物品走向门口，拒绝回头看一眼那个"偷窃而且忘恩负义的人"。她登上飞机，坐好，然后寻找她那本快看完了的书。当她把手伸进行李，她因意外而紧张得透不过气来：在她面前的那一袋甜饼！

那个无礼、忘恩负义的"偷饼贼"，恰恰是自己！

👤 导师寄语

有些虚假的东西可以乱真，而人被它们欺骗可能是判断的错误。因为人常看到别人的缺点，却很难发现自身的错误。

小孩拼地图

有位演讲家，正在准备一场万人大演讲。他每天都为了写这篇演讲稿，绞尽脑汁。

一日正在书房准备演讲稿时，太太带着五岁的儿子进来，对着他说："麻烦你看一下孩子，只要一个半小时即可，我会马上回来的，亲爱的。"演讲家千般不愿，但也只好空下一个半小时来陪小孩。待太太出门后，他心想，孩子那么小，只要随便找个东西给他玩，应该不会吵到自己写演讲稿。东找西找，终于发现一张世界地图，遂将地图撕成十小片，要儿子把它拼好，待拼好后才可以来找爸爸玩。孩子很高兴地开始拼图。爸爸则放心地回书房去写讲稿了。谁知道过了才不到二十分钟，儿子竟然跑来书房，说地图已经拼好了。这简直是不可能的事，若非儿子是天才，那一定是儿子胡说八道。那么小的年纪，怎么可能那么快就拼好？爸爸马上就带着儿子来到书房，一看一张地图果然完好地摆在地上。爸爸遂问儿子到底是怎么做到的。儿子答说："很简单呀！因为地图背面有一个人的图片，我只要将眼睛、鼻子、耳朵、嘴巴拼好，再将它翻过来，这地图就拼好了。"爸爸这才恍然大悟，自己儿子不但很聪明，更给了父亲一篇上好的演讲稿："只要你把人做对了，你的世界就是完整的。"

🧑 导师寄语

"只要你把人做对了，你的世界就是完整的。"这是多么贴切的一句话！更充分提醒了世人，在花时间学会各种才能之余，更别忘记了要花点时间与成功人士在一起，学学为人处世的修养。千万不要只把事业做对了，却把人给做错了。好比多数人在拼命赚钱的同时，更在不知不觉中，赔上了健康、家庭、朋友甚至亲人，这是何等的遗憾呀！因此，将努力建筑在幸福的条件之上，才是上上之策。

拆　字

　　前清时，一个年轻人进京考试，在旅店巧遇一位拆字算命先生。那位先生口若悬河，使出全身的力气招揽着顾客，但仍生意冷清。

　　老先生见年轻人稳重、善良，死缠活拉要为他算命。年轻人再三推托不过，只好在纸上写了个"串"字交差。老先生看这年轻人心清情净、心灵淳厚，便说他这次考试，必然连中双元。

　　在旁边，一位富家子弟见后，很不以为然，便说自己也要算一算，问问进京赶考运气如何。他也同样写了一个"串"字，老者看看字，再看看此人，对他说：

　　"年轻人！你不但考不中，而且还有祸患。"年轻人很不服气地问他为什么，老者说：

　　"你有心地写'串'字，要在串字之下加个'心'字，就成为'患'字，你要当心，否则大祸临头。"

　　富家子弟十分不满，甩头离去。

　　后来，前一位年轻人果然连中双元。而后一位年轻人则因考试作弊，犯了欺君大罪，被斩首了。

👤 导师寄语

　　同样的条件演变成两种不同的结果，是因为人们的心态不同，心态是人情绪和意志的控制塔，决定了行为的方向与质量。

只贷一美元的犹太富豪

　　一位犹太富豪进一家银行，来到贷款部前，大模大样地坐了下来。"请问先生，您有什么事情需要我们效劳吗？"贷款部经理一边小心地询问，一边打量来人穿着：名贵的西服，高档的皮鞋，昂贵的手表，还有镶宝石的领带夹子……

　　"我想借点钱。"

　　"完全可以，您想借多少呢？"

　　"一美元。"

　　"只借一美元？"贷款部经理惊愕了。

　　"我只需要一美元。可以吗？"

　　"当然，只要有担保，借多少我们都可以照办。"

　　"好吧。"犹太人从豪华的皮包里取出一大堆股票、国债、债券等放在桌上，"这些做担保可以吗？"

　　经理清点了一下，"先生，总共五十万美元，做担保足够了，不过先生，您真的只借一美元吗？"

　　"是的。"犹太商人面无表情地说。

　　"好吧，到那边办手续吧，年息为百分之六，只要您付出百分之六的利息，一年后归还，我们就把这些股票和证券还给您……"

　　"谢谢！"犹太富豪办完手续，便准备离去，一直在一边冷眼旁观的银行行长怎么也弄不明白，一个拥有五十万美元的人，怎么会跑到银行来借一美元呢？

　　他从后面追了上去，有些窘迫地说："对不起，先生，可以问您一个问题吗？"

　　"你想问什么？"

　　"我是这家银行的行长，我实在弄不懂，你拥有五十万美元的家当，为什么只借一美元呢？要是您想借四十万美元的话，我们也会很乐意为您服务的……"

"好吧！既然你如此热情，我不妨把实情告诉你，"我到这儿来，是想办一件事情，可是随身携带这些票券很碍事，我问过几家金库，要租他们的保险箱，租金都很昂贵，我知道贵行的安保很好，所以嘛，就将这些东西以担保的形式寄存在贵行了，由你们替我保管，我还有什么不放心呢！况且利息很便宜，存一年才不过六美分……"

导师寄语

从这里我们可以看到一个富人的精明。在生活中经常有这样的例子，有时办一件事，会有很大的花销，但换一种方式，就会事半功倍。

西裤短了

竞选里长，为乡里服务，在地方上也算得上是一件大事，甚至需要举办政见发表会。因此参选的张先生，更是全家总动员，参与选举。张先生写了一篇演讲稿，天天在家里苦练。张先生讲得字字真诚、感人肺腑，太太与女儿一听，感动得泪流不已。

直到政见发表会前夕，吃完晚饭，做完最后一次演练，一切都检查就绪后，全家就提早休息，以备明天的选战。睡到午夜，女儿紧张得睡不着，干脆起床，想想父亲尚有无缺失，左想右想，终于想到父亲在演讲时，经常会不经意地拉一拉裤子，可能是新的西装裤子太长了，应趁天没亮，赶快拿出来修改一下。于是就把父亲的西装裤拿出来，往内折了一寸，缝好了，烫平后，才安心地再回去睡觉。到了下半夜，妈妈也紧张得睡不着，想着、想着，也想到了先生似乎西装裤太长了。真是母女连心，她也将裤子拿出来，改短了一寸，才放心地去睡觉。到了天快亮的时候，张先生自己也紧张得醒来走到客厅，又练了一遍，也发现了自己拉裤子的毛病，可能是裤子太长了，由于实在不忍心吵

醒太太、女儿，干脆自己改，于是自己动手将裤子又改短了一寸。

相信各位不用想也知道，他穿上台的是一条什么样的长裤了（农夫裤，长度只到小腿肚），结果引来全场大笑，就连张先生自己也觉得不好意思，开口说："各位，今天看我穿这条长裤很好笑是不是？这条长裤会变成这样，都是因为……我女儿爱我，我太太爱我，我也非常爱她们，也就是因为我们彼此都把爱放在心里，才会有今天这条裤子，因此我今天要演讲的主题是'爱'，要把它说出来。"

👤 导师寄语

"爱的反面，不是恨，而是冷漠。"不善表达内心那一份爱，那一份情感，才会使人情愈来愈淡薄，摩擦、误会愈来愈多。想表达一份爱，一定要从内心里体会一份爱的感动，有了这份感动，你才懂得如何深刻地表达那份爱，犹如"养儿方知父母恩"一般。因而想去体会别人对你的爱一定先要学习拥有一颗感恩的心，有了感恩，你才会珍惜、懂得，你才会真正拥有一切。

不妨练就"抱猪"功

宋员外有个独生子，名叫小豆子，长到十七八岁，依然奇笨无比，学什么都不会。宋员外担心儿子什么都不会将来会受人欺负，于是将儿子送往少林寺去学武功。

小豆子到少林寺将近两年，两年来他只学会挑水，从来都没有学过什么武功，于是就跑去问师父，为什么不教他武功。师父只觉得他那么笨，不管教他哪些武功，他也学不会，那么就让他右手挑水，左手则给他一头小猪，叫他抱着，练习臂力好了。小豆子想，师父给他一头小猪抱着玩，总比没有好。接着又过了一年。

有一天师父告诉他，家中来信，要他回去一趟，小豆子也觉得每天抱猪挑水过得挺无聊，不如回家去看看。于是他拜别了师父，走了一个多月，总算回到家乡，真是乡音无改，人事已非，不觉间已回到自家门口。忽然，从家中传来吵架、打骂声，小豆子马上跑进屋内，看见两个恶霸正在欺负老父亲。不由分说，小豆子一个箭步，右手一挑，已将一个大汉挑过了围墙，左手一抱，只见另一个大汉在一抱之下两眼一翻，口吐白沫，已然昏倒。小豆子这才知道师父要他挑水、抱猪，原来已经把最好的武功传给他了。

👤 导师寄语

不论学习什么东西，打好基础是最重要的，也许打基础时是最枯燥无味的，好比上课学习，千篇一律，哪有什么乐趣可言。然而没有学习过程的艰辛，又怎能享受收获时的成就感呢！万丈高楼平地起，无论做什么，均应大处着心，小处着眼，实实在在，一步一个脚印，扎扎实实打下根基，切莫好高骛远，一曝十寒，方始有成。

三女婿过中秋

钱员外生了三个女儿，个性都不一样。大姐爱看书，员外遂将她许配给一位秀才。二姐生性贪吃，员外就将她许配给一个做糕饼的。三妹，则生来就太内向，从来不敢与陌生人来往，员外就将她许配给一个专门为人办丧事的。

三姐妹嫁了数年，今年中秋节，员外要她们三姐妹、夫婿，都回家过节。到了中秋，全家团聚了，员外、夫人都非常高兴。吃饭时员外提议，为了应景，每人作诗一首，行个酒令。大女婿是秀才，吟诗作对是他的专长，只见他随口吟道："中秋月亮圆又圆，乌云遮住缺半边，满天星斗乱糟糟，一望无际静悄悄。"员外大喜，赐酒一杯。大姐更是欣喜自己嫁得好老公。接着轮到二女婿，他是个做饼的，哪有文才可以作诗，正苦思不得时，看见了桌上的月饼，灵机一动，吟道："桌上的月饼圆又圆，咬了一口缺半边，饼上芝麻乱糟糟，再咬一口静悄悄。"他对得不是很工整，但总算是答上来了，员外也很高兴，赏酒一杯。二姐总算松了一口气。接下来换三女婿了，他一直都在为人办

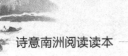

丧事，卖棺材的，他哪会作什么诗，非但他急得满头汗，就连三妹都为他干着急，尤其是大姐、二姐，更用轻视的眼光冲着他冷笑。这时三女婿心想，大姐夫是读书人拿月亮作诗，二姐夫是做饼的，他拿月饼作诗，那我是否也拿自己的行业来作一首诗。人，就是急中会生智，他冲着大家说："是你们要我作诗的，万一做得不好，你们可不能骂人。"众人答应后，他就吟道："岳父、岳母圆又圆，死了一个缺半边，办起丧事乱糟糟，再死一个静悄悄。"

💁 导师寄语

你在大笑之余，也莫忘记这故事告诉我们若只想靠一种能力活到未来，除了辛苦外，更会因为不能适应多数场合，而使自己下不了台。故而在这多元化的社会里，应该培养多元化的能力，与人沟通不能只讲自己内行的东西，那样会使自己不受欢迎。请善用一点好奇心，走出来学习，相信你一定会变得大不一样。

失 与 得

一天，一个商人在路上捡到一个小包，里面装着三枚金币。正当他为得到这笔意外之财而兴高采烈时，一位散步的人走来，说这包是他掉在这里的，要求归还。商人不以为然，声称："谁捡到的，就是谁的。"

两人据理力争，吵个没完，但在不知不觉中两人都自动调换了位置。金币原来的主人说："既然我已经丢了，那就丢了吧。"商人则回答："我是偶然捡到的，这钱不属于我。"这样他们的意见仍完全相反，就又争吵起来，不过彼此却互换了角色。

他们不知如何解决，于是到了法官那儿。法官仔细听取了两人的申诉，做出裁决："你们谁都不愿意让给另一个人金币，那么就由官方没收吧。"法官走了，两人却愣在那儿，仿佛有点后悔。

这时，法官回来了，手里拿着两个小包，说："你们是这样固执，所以都失去了这笔钱。这给你们一个很好的教训：顽固坚持自己一成不变的想法而不试图理解对方，那就会受到损失。我也同样得到一次教训，那就是你们的慷慨和谦虚所给予我的教育。因此，我要送你们每人一份礼物。"

他递给每人一个小包，每个包里装着两枚金币。原来，法官为他们添了一枚金币。

每人失去一枚金币，却得到了更多。

📖 导师寄语

有两个人各持一杯水，并且都喝了一半。虽然两人所剩的水相等，患得患失的人，却流露出一种无奈之情，认为"我已经喝了半杯"，而乐观者则充满希望之心，认为"我还有半杯水喝"。过分计较得与失，只会让我们失去更多。

掏空心中杯

以前有个很有学问的秀才，他对佛学的参研亦有相当时日。有一天，他特别来到南山拜见南隐禅师求教佛法。南隐禅师客气地邀秀才至东厢奉茶。至东厢的沿途，秀才一直告诉禅师他是如何钻研、如何参悟，总共看过多少佛书……直至东厢房，禅师请秀才坐定，亲自为秀才倒茶。只见禅师拿起茶壶，不断将茶水注入秀才的茶杯中，一直倒，一直倒……直到茶水溢出茶杯，沾满桌面，秀才急言道："禅师，您倒太多，满出来了。"这时，禅师才微笑，放下茶壶问道："哦！茶满出来了！这好比秀才您自己心中的杯子已经满满的，又如何能将我的茶水注入您心中的杯子呢？"秀才闻言，遂汗颜拜师求教。

📖 导师寄语

学习是一生的大事，每个人都是通过学习在构筑今天的生活条件，更用今天的学习来充实未来的安定与进步，然而，不能放下主观，则是现在多数人在学习上的障碍。

"是态度决定你是否成功，而非成功才决定你的态度。"因此，在学习与成长过程中，务必先培养恭敬心与感恩心，先有此等的学习态度，才有可能衷心去学习老师的优点，更能革除过去只会看懂别人缺点从而自我膨胀的错误习性。要重新以学习的方式看懂别人身上的优点，加强实际学习，提升自己的才能，摆脱用过去所学的知识活到未来的辛苦与遗憾。

海纳百川

大海宽广得无边无际，可使人心胸开阔；海浪的起起伏伏好比世事多变和人生过程的此起彼落。

仁者乐山，智者乐水。相信喜欢看海的人，都是对人生体会比较细致的人，或许也正是这份细致，使得自己变成一个多愁善感、容易为一些小事伤感的人。在看海的时候，不妨去体会：大海为什么会这么大、这么壮阔？

只因大海是在所有河川的最低处，所以它具有无穷无尽的包容力。反观我们每个在社会上积极奋斗的人，穷其一生，展尽才能，想尽办法超越别人，却不知"心量有多宽，事业就会有多大"。

也许正如古人的训勉："这个世上有两样东西是永远学不会的，一是胸襟，一是气度。"因为它们不是知识，而是形于外的生活修养与生活态度，有包容别人错误的胸襟，才有恭颂别人优点的气度。必须将自己放在环境里，耳濡目染，时时考验，方可有成。试想，现代忙碌的人们，岂会浪费这种时间去体察自己的修养，也正因为如此，你的奋斗多止于一条汹涌的河川甚至小小的湖泊，始终难成大海，难以源远流长。

智者应学习如何规范自己，那么心理的塑造则是一生必修的课程。学识的丰硕更应与人际的阔达结合在一起，提升人际的修养，学习经营自己的才能，学习与人群自信地交流，莫将自己的一生止于贩卖知识和能力，只落了个有价格的人生，而非有价值的人生。

抱着主观活一辈子，将脑袋变成知识的仓库，将一生所囤积的能力带入棺材，是现今知识分子对于社会贡献的一大讽刺。在行有余力的范围内，将人生的经验与见解，用来作为年轻人缩短努力时间的基石，这是成功的主因，也是现今社会最需要提升的社会资源。深信社会进步了，你的下一代才会有更安定的出路！让我们将自己成功的体验，变成社会的另一股动能吧！

掏尽口袋里的钱

一位老师用当时最先进的教学方法来教学生，但效果并不如预期所料……

一天，他带着7个学生外出实习，路过街头的时候，看见一个冻得瑟瑟发抖的孩子在乞讨。

"你要钱干什么？"他问。

"买衣服。"

"是你自己穿吗？"他想问个究竟。

"给奶奶穿，她快冻死了，还没有一件过冬的衣服。"

"还差多少钱？"

"15英镑。"

教师二话没说，掏出身上的钱塞在孩子手里："孩子，天冷，快回家吧。"

第二天，孩子和他穿着棉衣的奶奶出现在教室门口。

20年后，这7个学生成了老师一生的骄傲：有一个白手起家成为金融巨头，有一个成了最有名的医生……

学生说："那次，老师给小孩钱时，连口袋都掏出来了。第二天，小孩的奶奶就出现在教室门口，在那一瞬间，我们都明白了一个道理，倾尽所能，就能成功。"

导师寄语

　　如果你也企盼成功，一定要记住"倾尽所能"。或者说，尽力去做你想做的事。任何事不是没有成功的可能，而是希望就在前头，离你一步之遥而已。最可怕的是：每天不知道自己该干什么，而别人都在踏踏实实干着自己的事。

三行的故事

　　从前有个相貌俊秀且文思敏捷、出口成章的才子。他本应有所成就，只因生性玩世不恭，经常作诗取笑别人……

　　一日，才子来到大街上，看见前面来了一位衣着华丽如花的姑娘，一时兴性大发，遂吟道："远见一姑娘，金莲三寸长，为何这般小？"这时姑娘听到有人称赞自己脚小（古时女子美不美，家世好不好，用脚的大小来衡量），内心暗自窃喜，随即停下脚步想听听接下来的赞美，才子见状，顽性又起，接口说："横量。"姑娘闻言，深深觉得自己被羞辱，遂将其状告到衙门。

　　县太爷立即将才子抓来审问始末。基于惜才，县太爷给才子一次机会，言其若能在七步内作成好诗，且向姑娘赔罪，即无罪释放，否则便判狱收押。才子闻言，觉得这实在太容易了！于是当堂走了三步随即吟道："古人号东坡，今人号西坡（县太爷名叫苏西坡），这坡比那坡……"县太爷一生崇拜苏东坡，故取名苏西坡，而今有人将他与苏东坡相比，真是大喜过望，遂催促才子说："下一句呢？"才子见状，顽性又起，答曰："差多！"县太爷闻言，自己比东坡差多，这等羞辱，怎能容忍！于是怒判："充军襄阳！"这下子才子真是自食恶果了，诚乃嬉无益呀！

　　在充军押解当天，他舅舅前来送行（因为才子自小父母双亡，由舅父抚养成人）。舅父一见，心有不忍，悲从中来。落着泪对才子说："平日告诉你讲话要讲该讲的话，勿贪玩！你偏不听，这下可好了，充军去襄阳！叫舅舅如何跟你死去的娘交代呢？"这时，才子也后悔不已，声泪俱下，接着吟道："充军到襄阳，见舅如见娘，两人双流泪……"舅父闻言更是心疼地说："瞧你这么优秀的文才，真是……唉！"结果才子续接："三行。"（原来他舅舅是个独眼，一生最忌讳有人说他独眼）舅父一听"两人双流泪，三行。"当场气得……

导师寄语

再好的才能，也比不上做对事情、说对话。聪明人往往不拘小节，可将之视为豪放，然而对成功人的鉴赏是看那为人处事的小地方。因此，小处随便之人，实在是为自己埋葬了很多机会，更可能为自己带来灾祸，真不可不引以为戒！

快乐藤

终南山麓，水清草美。听说在这一带出产一种快乐藤，凡是得到这种藤的人，一定会喜形于色、笑逐颜开，不知道烦恼为何物。

曾经有一个人，为了得到不尽的快乐，不惜跋千山涉万水，去找这种藤。他历尽千辛万苦，终于到了终南山麓，在险峻的山崖上，他找到了快乐藤。可是他虽然得到了这种藤，却发现他并没有得到预想中的快乐，反而感到一种空虚和失落。

这天晚上，他在山里的一位老人屋中借宿，面对皎洁的月光，他发出了一声长长的叹息。老人闻声而至："年轻人，什么让你这样叹息呀？"于是，他说出了心中的疑问：为什么已经得到快乐藤的自己，却没有得到快乐呢？

老人一听乐了，说："其实，快乐滕并非终南山才有，而是人人心中都有。只要你有快乐的根，无论走到天涯海角，都能够得到快乐。"老人的话让这个年轻人觉得耳目一新，就又问："什么是快乐的根呢？"

老人就说："心就是快乐的根。"

导师寄语

一个人快乐与否，不在于他拥有什么，而在于他怎样看待自己的拥有。也就是说，快乐是一种积极的生活态度，要知道谁都无法让我们平安无事、无忧无虑地过一辈子，唯有苦中作乐才能战胜忧愁，享受快乐。

国王的梦

在一多事之秋，正当边疆作乱之时，皇后又病了。国王忧心不已，以致日有所思，夜有所梦。

国王做了个梦，梦见山崩、海枯、花谢、镜破四种现象。惊醒后一直觉得心悸不已，遂召丞相前来商量。丞相一听完国王的梦境，也深深皱起眉头，深沉地禀告国王说："这个梦实在是不祥之兆，那山崩地裂、大海枯竭，自然是启示民不聊生，正应了那边疆作乱；而花谢、镜破，又显示了皇后身体违和，恐怕会与皇上破镜难圆呀！"国王听完，也觉得与自己的推断一样，更是愁眉深锁，终于也因忧心而病倒了。

就在这时，告老还乡的太傅听说自己从小培养的学生（国王）生病了，急忙赶到王宫探视。问清了国王生病的因由后，大傅笑着对国王说："国王你误会那个梦的意思了，此梦乃大吉之兆呀！"国王闻言，讶异问道："何以见得？"太傅回答说："国王你岂不知道山崩，乃显示地太平，意味着边疆作乱很快便可以平息；而海枯呢，正显示真龙现，指示国王你将可扩大版图，龙行天下呀！"国王一听，病已转好大半。太傅又接着说："那花谢则更要恭喜国王，皇后可能是怀孕了，因为花谢乃结子之时呢！至于那镜破，则更是吉祥之兆。"国王精神大振，追问道："何以见得？"太傅见禀："这镜破，两分明，不正显示以上那三个梦境都是真实的？"国王闻言，信心大增，果然一切都应验了太傅的梦解，得子又称王！

👤 **导师寄语**

失败与挫折是成功的两大卫士。

举凡人生不如意的挫折十之八九，多数能突破难关的人，都是在面对状况时，先用客观、乐观的心境去思考解决的方法。而非困在状况的烦恼里，乃至情绪变得低落、消极、失望，终致怀忧丧志、坐失良机。

想培养乐观心态，应先培养信好不信坏、说好不说坏的习惯，用感恩的心境，虚心去看待每件事情美好的一面。这不单是解决事情的好办法，更是自我鼓励、善待自己，进而带动别人的良方啊！

时间和爱的故事

从前有一个小岛，上面住着快乐、悲哀、知识和爱，还有其他各类情感。

一天，情感们得知小岛快要下沉了，于是，大家都准备船只，打算离开小岛。只有爱留了下来，她想要坚持到最后一刻。

过了几天，小岛真的要下沉了，爱想请人帮忙。

这时，富裕乘着一艘大船经过。

爱说：“富裕，你能带我走吗？”

富裕答道：“不，我的船上有许多金银财宝，没有你的位置。”

爱看见虚荣在一艘华丽的小船上，说：“虚荣，帮帮我吧！”

“我帮不了你，你全身都湿透了，会弄坏了我这漂亮的小船。”

悲哀过来了，爱向她求助：“悲哀，让我跟你走吧！”

“哦……爱，我实在太悲哀了，想自己一个人待一会儿！”悲哀答道。

快乐走过爱的身边，但是她太快乐了，竟然没有听到爱在叫她！

突然，一个声音传来："过来，爱，我带你走。"

这是一位长者。爱大喜过望，竟忘了问他的名字。登上陆地以后，长者独自走开了。

爱对长者感恩不尽，问另一位长者知识："帮我的那个人是谁？"

"他是时间。"知识老人答道。

"时间？"爱问道，"为什么他要帮我？"

知识老人笑道："因为只有时间才能理解爱有多么伟大。"

导师寄语

爱需要时间来进行检验，这就是为什么父母、教师对你的爱要等到你成年后才理解的原因。

心理暗示

心理学家做过一个实验，两组完全相同的人像，一组人像下写上"凶恶""残暴""阴险""狠毒"等消极的词语，另一组的下面则写上"正直""勇敢""坚强""无私"等积极的词语。然后请两组测试者分别对两组人像做职业估计。结果前一组人像的职业估计大多是罪犯、歹徒等，后一组的职业估计则多是军人、警察等。

因此，我们用语言、图像在我们的心上写什么，我们就将得到什么。暗示不可抗拒，就因为它"暗"，所以潜移默化。

导师寄语

人们的意识会产生一种"心理导向效应"，即人们内心都会有一种强烈的接受外界的暗示，通过语言、形象的传播媒介树立形象的欲望。所以一定要在日常生活中保持乐观，向积极的方向引导自己。

你照顾品格，名声会照顾你

柏拉图的著作《国家篇》中有一则寓言，说的是牧童吉克斯从死尸上偷下一枚黄金戒指。这枚戒指具有奇异的力量，把它往内转，自己就不会被周围的人发现；把它往外转，自己则又现身。于是，他利用魔法，先是与王妃私通，后又杀死国王，掌握了权力。

中国有个崂山道士的故事，说的是一个道士学会了穿墙术，结果想做坏事时穿墙术总是失灵，头被墙撞个大包。

假如人做坏事时不必担心害怕，会不会做坏事呢？那个牧童也好，这位道士也罢，哲理毕竟是哲理。只因怕人知道才不做坏事，或怕恶行败露遭歧视才做正经事，那就不知道人的自尊心在哪里了。中国历史上有"慎独"的说法，即一个人独处也要做光明磊落的事，而不说恶劣的话、不做恶劣的事。

心中有愧的人，对谁都会畏首畏尾，过着怕人瞧见的生活。心中无愧的人，才无这种担心和顾忌，能够坦坦荡荡的生活。

导师寄语

人最珍贵的，正是他在追求和奋斗过程中表现出的优秀品格，真正的幸运属于拥有这些优秀品格的人。

小泽征尔的坚持

日本的小泽征尔是世界著名的音乐指挥家。意大利的米兰斯拉歌剧院和美国大都会歌剧院等许多著名歌剧院，都曾多次邀他加盟执棒。一次，他去欧

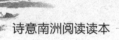

洲参加音乐指挥家大赛，决赛时他被安排在最后一位。小泽征尔拿到评委交给他的乐谱后，稍做准备，便全神贯注地指挥起来。突然他发现乐曲中出现了一点不和谐。开始他以为是演奏错了，就让乐队停下来重新演奏，但仍觉得不和谐。至此，他认为乐谱确实有问题。可是在场的作曲家和评委会的权威人士都郑重声明：乐谱不会有问题，是他的错觉。面对几百名国际音乐的权威人士，他难免对自己的判断产生了犹豫。但是，他考虑再三，坚信自己的判断是正确的。于是，他斩钉截铁地大声说："不！一定是乐谱错了！"他话音刚落，评委们立即站立起来，向他报以热烈的掌声。

原来这是评委们精心设计的一个圈套，以试探指挥家们在发现错误而权威人士又不承认的情况下，是否能坚持自己正确的判断，因为只有具备这种素质的人，才真正称得上是世界一流的音乐家。

导师寄语

一个人是什么，取决于他相信自己是什么。自信是实力的积累，是知识的结晶，是对自我的肯定。自信心越大，工作的动力也越大，自信心对任何人而言都是很重要的。有了自信，我们才会在各种环境下，潇洒自如地完成任务。

猫师傅和虎徒弟

据说，从前猫和虎是师徒，猫是师傅，虎是徒弟。虎长得很像猫，可它没有猫那么灵巧，不会纵跳，也不会抓扑。而猫呢，十八般武艺，样样都精通。这样，虎恭恭敬敬地拜猫为师，跟它学武艺。师徒相处，非常愉快。

每天，猫早早起来，把虎带到田野上，教它捉野鼠、抓野兔，传授它猛扑、抓捕、纵跳、奔跑等武艺。

日久天长，猫把自己的武艺一件一件地教给了虎徒弟。虎学着学着，以为把猫的武艺样样都学会了，暗暗起了歹心。

一天，猫正教着，虎突然大吼一声，张开血盆大口，猛地向猫扑了过来，恶狠狠地吼道："现在不需要你了，我要把你吃掉！"

猫吓了一跳，"咪噢"地惊叫了一声，转身就逃。虎紧紧地跟在后面，一步不让，眼看就要追上了。猫正着急的时候，看到前面有一棵树，便纵身一跳，抓住树干，"唰"的一下爬到树尖上去了。

虎追到树脚，也想爬上树去，但它怎么也爬不上去，因为猫还没有教它爬树的武艺，只好干瞪着两只凶狠的眼睛，在树底下转来转去：真糟糕！爬树这套武艺还没有学到手呢！虎心里十分懊悔。这时，猫蹲在树枝上，对着虎大声骂道："老虎，你这畜生！可要想着点我的好处。"

虎听了这话，不好意思再见到猫，就一溜烟躲进山林里去了。

导师寄语

有人说："教会了徒弟，饿死了师傅。"至于教徒弟时，是否留一手，大概也需因人而异吧！不过，网络社会需要的就是交流，当然也少不了自我保护意识。

冲突是认真的另一种形式

国外一家公司有一个不成文的规定：董事会如没有反对意见，不会通过决策。因为一方面，没有不同的意见，表明大家都一致看好这个项目，风险反而增加；另一方面，说明研究还不够深刻、细致。

一个公司也好，一个团体也好，其中每个人的想法、个性都不一样。因此，意见不一甚至发生冲突，也很正常。而与人交换意见，这是自己对公司或团体负责的表现。

有人说，要与自己意见不合的同事一起努力工作，才会更有成效。作为领导者，要善于创造一个容纳不同意见的环境氛围。一件事经过许多意见争论之后，常会得到比较完善的结论。

所以，不要怯于发表不同意见，要大胆地说出自己的想法。

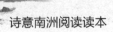 **导师寄语**

　　说真话才会有争论，有争论冲突的团队，往往是富有生机的集体。不同意见之间的争论，可以获得集思广益的效果，因而要正确看待冲突与争议。

诚　信

　　有一年轻人跋涉在漫长的人生路上，到了一个渡口的时候，他已经拥有"健康""美貌""诚信""机敏""才学""金钱""荣誉"七个背囊。渡船开出时风平浪静，说不清过了多久，风起云涌，小船上下颠簸，险象环生。艄公说："船小负载重，客官须丢弃一个背囊方可安渡难关。"看年轻人哪一个都舍不得丢，艄公又说："有弃有取，有失有得。"年轻人思索一会儿，把"诚信"抛进了水里。

导师寄语

　　这是2001年高考作文题。寓言中"诚信"被抛弃了，它引发你想些什么呢？要求考生以"诚信"为话题写一篇文章，可以写你的经历、体验、感受、看法和信念，也可以编写故事、寓言等。人无信不立，年轻人所抛弃的诚信，恰恰使其他的资历变得不值一文，一生尽毁！

境由心造

　　天上有只鸟在飞，一位挂锄田头的人叹气道："它真苦，四处飞翔为觅一口食。"另一位依窗怀春的少女也正好在看这只鸟，她叹气说："它真幸福，有一双美丽的翅膀。"面对同一种境况，不同的人却有不同的心情、理解。满怀激情，你就会有一种振奋的感觉；失意悲观，你就会有一种痛苦或失落的感叹。人生理想不能实现，或者见解、行为不为世人所理解，则会迷惘、失意。现实生活中的种种情绪，会使人对境况产生相同的或近似的联想、类比。正如英国人狄斯累利所说，境遇不造人，是人造境遇。

由于境由心造，人们很容易将思维编入既存的框架里，或满足，或失意，或进取等，产生"命中注定"或"无法更改"的思维定式。例如，会逐渐失去踏出围绕我们的框架的勇气，然后将自己对人生的梦想和野心一个个抛弃。而没有追逐梦想、实现野心的激情，人生将会缺乏激情。

👤 导师寄语

境由心造，需要我们面对，需要我们好好把握。

勇 气

从前有一个国王，他想委任一名官员担任一个重要职务，于是就召集了许多聪明机智、文武双全的官员，想看看他们谁能胜任。

国王说："我有个问题，想看看谁能解决它。"国王领这些人来到一座谁也没见过的巨大的门前。

"你们看到的这扇门，不但是最大的，而且是最重的。你们之中有谁能把它打开？"

许多大臣见到大门摇头摆手，有的走近看看，有的则无动于衷。只有一位大臣，他走到大门处，用眼睛仔细检查，然后又尝试着各种方法。最后，他抓住一条沉重的链子一拉，巨大的门开了。

国王说："你将在朝廷中担任要职！"

其实，大门并没有完全关死，任何人只要仔细观察，再加上有胆量去试一下，就能轻易打开。

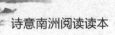 导师寄语

　　成功，有时并不是因为职务的高低和机会的多少存在着差异，恰好相反，也许只是由于一点点勇气，却已使你进入一个全新的天地。而没有去尝试的勇气，正是许多人与机遇失之交臂的原因。

盛赞之下无怒气

　　相传古时某宰相请一名理发师理发。理发师给宰相理到一半时，也许是过分紧张，不小心把宰相的眉毛刮掉了。哎呀！不得了了，他暗暗叫苦，顿时惊恐万分，深知宰相必然会怪罪下来，那可吃不消呀！

　　理发师是个常在江湖上走的人，深知人之一般心理：盛赞之下无怒气。他情急智生，猛然醒悟，连忙停下剃刀，故意两眼直愣愣地看着宰相的肚皮，仿佛要把五脏六腑看个透。

　　宰相见他这模样，感到莫名其妙，迷惑不解地问道："你不修面，却光看我的肚皮，这是为什么呢？"

　　理发师忙解释说："人们常说，宰相肚里能撑船，我看大人的肚皮并不大，怎能撑船呢？"宰相一听理发师这么说，哈哈大笑："那是说宰相的气量最大，对一些小事情，都能容忍，从不计较的。"

　　理发师听到这话，"扑通"一声跪在地上，声泪俱下地说："小的该死，方才修面时不小心将相爷的眉毛刮掉了！相爷气量大，请千万恕罪。"

　　宰相一听啼笑皆非，眉毛给刮掉了叫我今后怎么见人呢？不禁勃然大怒，正要发作，但又冷静一想：自己刚讲过宰相气量最大，怎能为这小事给他治罪呢？

　　于是，宰相豁达温和地说："无妨，且去把笔拿来，把眉毛画上就是了。"

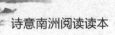 导师寄语

　　瞧，一声盛赞，令人怒不起来，人与人沟通时，记住这个故事是很有益处的。

母爱的力量

这里有一个发生在日本的真实故事。

有一天，一位女士上街购物，把四岁的孩子单独留在家中。返回时，在住宅楼附近碰到熟人，就停下来说话。突然，她发现自己家12楼的窗子开着，孩子趴在窗台上正向妈妈招手，她还来不及惊叫，孩子已经失足掉了下来。她丢下手中的东西，不顾一切地向孩子奔去（请注意：她穿的是筒状裙子和高跟鞋），就在孩子快落地的一瞬间，她接住了孩子。

事后，人们做过一次模拟试验：从12楼窗口扔下一个枕头，让最优秀的消防队员从相同距离飞身来救，试了很多次，始终还差很远。

导师寄语

人的潜能在特定的激励之下可以超常发挥，这位女士为了救自己的孩子竭尽全力，创造了生命的奇迹！母爱是伟大的，经得住误解的折腾，经得起时间的考验，"谁言寸草心，报得三春晖？"

富翁和渔夫

一个富翁见到一个渔夫在海边垂钓，就关切地说："你这样怎么赚到大钱？如果我是你，就会想办法买一艘渔船，这样会捕到更多鱼，赚更多钱。"

"然后呢？"

"然后我会把赚到的钱再去投资，比如开工厂。"

"然后呢？"渔夫继续问。

"然后我再去投资，赚更多的钱，我就可以成为更大的富翁。"

"你有那么多钱以后干什么？"

"然后我可以到夏威夷海滩度假，享受悠闲的生活啦！"

"那么，你看我现在不正在享受这样的生活吗？"

"……"

导师寄语

　　创造财富的目的如果是享受，那是可怜的；若创造财富的目的是体现自己的价值，那是值得人们尊重的。

马和骑兵

　　骑兵和战马，在战场上一同出生入死。那个时候，因为打仗，骑兵很重视他的马，准备了充足的草料，精心饲养，把马看作自己的救星。战争结束后，骑兵开始虐待战马，只给它吃糠，让它驮木材、拉磨、耕田，十分劳苦。后来战争又爆发了，骑兵又骑马去打仗，可是马已经体力不支，累倒在地上。它对主人说："平时你那么对待我，让我渐渐衰弱成了驴子，现在怎么可能让我一下子从驴恢复到战马的水平呢？你还是走着去打仗吧，别无选择了。"

导师寄语

　　需要别人时就对人好，一旦没有了利用价值就弃之不理，这种人品实在不高。"平时不烧香，急来抱佛脚"，这种行为无异于过河拆桥，不给自己留退路，真是自讨苦吃。

马沙的耳光

阿拉伯名作家阿里，有一次和吉伯、马沙两位朋友一起旅行。3人行经一处山谷时，马沙失足滑落，幸而吉伯拼命拉他，将他救起，马沙于是在附近的大石头上刻下：某年某月某日吉伯救了马沙一命。3人继续走了几天，来到一处河边，吉伯跟马沙为了一件小事吵了起来，吉伯一气之下打了马沙一耳光。马沙跑到沙滩上写：某年某月某日吉伯打了马沙一耳光。

当他们旅游回来之后，阿里好奇地问马沙，为什么要把吉伯救他的事刻在石头上，将吉伯打他的事写在沙滩上。马沙回答："我永远感激吉伯救我，至于他打我的事，我会随着沙滩上的字迹消失而忘得一干二净。"

👤 导师寄语

记住别人对我们的恩情，洗去我们对别人的怨恨，在人生的旅程中才能自由翱翔。

雄狮最后的办法

我把《大智度论》中的一个故事读给学生们听。

一只雄狮住在密林里，跟一只猕猴结成了朋友。猕猴非常信任狮子，就把自己的孩子寄养在狮子那里。一天，一只饥饿的秃鹫寻找食物，趁狮子睡着了，就把小猕猴抓走，飞到树上去了。狮子醒来后，四处寻不见小猕猴，一抬头，却见秃鹫抓着小猕猴在树上，便恳求秃鹫说："这个小猕猴是我受猕猴的委托来护养的，没想到被你抓走了，我辜负了朋友的信任，请允许我向你讨还

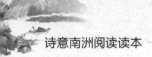
小猕猴。"秃鹫说："去你的吧，我现在又饿又累，只想吃肉！"

狮子该怎么办呢？我把这个问题抛给大家。

学生们七嘴八舌地议论起来。有人说："这还不好办？狮子以牙还牙，捣毁秃鹫的窝，给它来个覆巢无完卵。"有人说："狮子不是兽中之王吗？它应该唤来百兽，向秃鹫宣战。"也有人主张狮子应该想条妙计，让秃鹫主动放弃小猕猴……

我说："有时候，威势、权力和谋略确实可以帮助我们达到某种目的，但是它们绝不是万能的。你们知道《大智度论》中是怎样安排这个故事的结局的吗？狮子知道秃鹫不会白白送还小猕猴，为了不辜负朋友的信任，狮子毅然剜下自己两肋上的肉，向秃鹫换下了小猕猴。同学们，在词语纷繁富丽的世界里，有一个词充满了大智慧、大勇敢，它永远疼痛，永远美好，这个词就是两肋插刀。"

导师寄语

兽中之王竟能为朋友而割肉，果为大智慧、大勇敢。当然，这种"两肋插刀"是受人之托的正义和友谊，并不是社会上所指的"江湖道义"之"哥们儿义气"。

漂流的蚁球

黄昏时候，洪水最终撕开了江堤。一个个小垸成了一片汪洋泽国。清晨，受灾的人们三三两两在堤上，凝望着水中的家园。

忽然，有人惊呼："看，那是什么？"

一个黑点正顺着波浪漂过来，一沉一浮，像一个人！有人"嗖"地跳下水去，很快就要靠上了黑点，但见他只停了一下便掉头往回游，转瞬间上了岸。

"一个蚁球。"那人说。"蚁球？"人们不解。

说话间蚁球正漂过来，越来越近，看清了：一个小足球大的蚁球！黑乎乎的蚂蚁密匝匝地紧紧抱在一起。风起波涌，蚁球漂流，不断有小团蚂蚁被浪头打开，像铁器上的油漆片儿被剥离开去。

人们看得惊心动魄。

蚁球靠岸了。蚁球一层层散开，像打开的登陆艇。蚁群迅速而又秩序井然地一排排冲上堤岸，胜利登陆了。岸边水中仍留下不小的一团蚁球，那是英勇的牺牲者，它们再也爬不上来了，但它们的尸体，仍然紧紧抱在一起。

■ 导师寄语

团结就是力量，如果人心所向、众志成城，就会以最小的代价获取最大的成功。

山　丘

"我没办法走上山的，"小男孩说，"我做不到。我会变成什么样？我这辈子都要留在这，留在山脚下。它太可怕了！"

"那真可惜！"姐姐说，"可是你看，小乖乖！我发现了一个很好玩的游戏。往前走一步，然后看看你踩在土里的脚印有多清楚。你看我的！每一行的脚印都好清楚哩！现在换你试一试，看看是不是能做得一样好！"

小男孩往前踩了一步。

"我的也一样清楚呀！"他说。

"你也这样觉得吗？"姐姐说，"你看我的，这里又有一个！我踩得比你辛苦，因为我比较重，所以脚印也会比较深。你再试试。"

"现在我的也一样深了！"小男孩喊着，"你看！这里，和这里，还有这里，它们都一样深呀！"

"是呀！这样很好。"姐姐说，"不过现在换了，让我再试一试，然后我们再一起看看。"

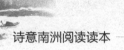

他们就这样一步一步地走着，一边和他们的脚印竞赛，一边低头笑看他们裸露的脚趾间飞扬的灰色的尘土。

不久，小男孩看看四周。

"咦！"他说，"我们已经到了山顶了！"

"我亲爱的弟弟！"姐姐说，"我们是已经到了！"

导师寄语

成功不是一蹴而就的，靠的是积累，靠的是一步一步的行动。

后面有一头狮子

伯乐在集市上选了一匹青鬃马。他说，只要经过训练这定可以成为千里马。

可是，好几个月过去了，无论伯乐采取什么办法，青鬃马的成绩始终不理想，每日的奔跑距离总是不超过900里。伯乐对青鬃马说："伙计，你得用功啊，再这样下去，你会被淘汰的！"

青鬃马愁眉苦脸地说："没法子啊，我已经尽了最大努力了。"

伯乐问："真的吗？"

青鬃马说："真的，我把吃奶的劲儿都使出来了。"

又一天的训练开始了。青鬃马刚起跑，突然背后响起惊雷般的一声吼叫。他扭头一看，一头雄师正旋风般地向它扑来。青鬃马吓得魂飞魄散，他撒开四蹄，没命地狂奔起来。

晚上，青鬃马气喘吁吁地回到伯乐身边，说："好险，今天差点儿喂了狮子。"

伯乐笑道："可是，你今天跑了1050里！"

"什么？我今天跑了1050里？"青鬃马望望伯乐，伯乐的脸上挂着神秘的笑容。

青鬃马心中豁然一亮。从此，他一上训练场，就设想有一头狮子在后面追赶自己。后来，他终于成了一匹千里马。

导师寄语

有了压力之后才会产生动力。别忘了给你的身后假想出一头狮子，激励的动力是内在的。

萧伯纳的回忆

英国著名剧作家、诺贝尔文学奖获得者萧伯纳对"平等"这两个字有很深的感触。

一次，他漫步在莫斯科街头，遇到一位聪明伶俐的小女孩，便与她聊了很长时间。告别时，萧伯纳对小女孩说："回去告诉你妈妈，今天同你玩的是世界著名的萧伯纳。"小女孩望了萧伯纳一眼，学着大人的口气说："回去告诉你妈妈，今天同你玩的是莫斯科小女孩安妮娜。"萧伯纳一时语塞。后来，他常回忆起这件事，并感慨万分地说："一个人无论有多大成就，对任何人都应该平等对待，要永远谦虚……这就是莫斯科小女孩给我上的课，我一辈子也忘不了她！"

导师寄语

一味把过去的辉煌当作今日的招牌，身上的包袱是否太沉重？愚蠢的人喜欢炫耀自己辉煌的历史，让人一遍遍听得心烦；聪明的人总是善于放下包袱，轻装上阵，身上没有骄傲的痕迹，与人和睦相处。

不如睡凳子

一位百万富翁注意到，每天上午都有位衣着破烂的人坐在公园的凳子上死死地盯着他住的旅馆，百万富翁对此很感兴趣。一天，他走到那人的面前说："请原谅，我真不明白你为什么每天上午都盯着我住的旅馆看。"

"先生，"这人答道，"我一无所有只得睡在这长凳上。不过，每天晚上我都梦到住进了那所旅馆。"

百万富翁洋洋自得地说："今晚你一定能如愿以偿。我将为你在旅馆租一间最好的房间并付一个月房费。"

几天后，百万富翁路过这人的房间，想打听一下他是否对此感到满意。然而，出人意料的是，他发现这人已搬出了旅馆，重新回到了公园的凳子上。

当百万富翁问这个人为什么要这样做时，他答道："一旦我睡在凳子上，我就梦见我睡在那所豪华的旅馆，真是妙不可言；一旦我睡在旅馆里，我就梦见我又回到了冷梆梆的凳子上，这梦真是可怕极了，以致完全影响了我的睡眠！"

导师寄语

梦想的重要之处在于它能够给予人们希望和慰藉，并使那些勇敢的人鼓起勇气，去实现自己的目标。可是如果是那些胆怯的人呢？梦想也足以给他们安慰，但随着环境的改变，梦想却可能成为他们的梦魇。

仙女的嘱托

一个女孩走过一片草地，看见一只蝴蝶被荆棘弄伤了，她小心翼翼地为它拔掉刺，让它飞向大自然。后来蝴蝶为了报恩化作一位仙女，向小女孩说："因为你很仁慈，请你许个愿，我将让它实现。"小女孩想了一会说："我希望快乐。"于是仙女弯下腰来在她耳边悄悄细语一番，然后消失无迹。

小女孩果真很快乐地度过了一生。她年老时，邻人请求她："请告诉我们吧，仙女到底说了什么？"她只是笑着说："仙女告诉我，我周围的每个人，都需要我的关怀。"

导师寄语

去关怀你周围的每个人，你会获得快乐的。试着去关怀你周围的每个人吧！

120岁的法国老太

有位法国老太太现年已超过120岁。当她90岁时，有个律师想谋取她的房产，同她订了一份契约。契约规定，从现在起，律师为老太太付生活费直至其离开人世，老太太去世之后，她的房产即归律师所有。不料，这生活费一付就是30年，直到律师去世，老太太还健在。而律师总共付出了90万法郎，足够买三四套那样的住房。不少人把这件事当作笑话，认为这是贪小便宜吃大亏的典型事例。

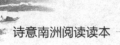**导师寄语**

　　这个故事如果换个角度来看，也许会有一些新的启示。开始时，律师的确是图财，那么，生活费付了几年、十几年以后，他还图财吗？那时，作为一个理智的人，他分明知道自己已经"破了财"，怎么办？是设法终止契约（对于一名律师来说，这是有可能做到的）还是继续履行契约？他选择了后者，继续负担老人的生活费，直到自己死去。

顽石的启示

　　我刚嫁到这个农场时，那块石头就在屋子拐角。石头样子挺难看，直径约有一米。

　　一次我全速开着割草机撞在了那石头上，碰坏了刀刃。我对丈夫说："咱们把它挖出来行不行？""不行。那块石头早就埋在那儿了。"我公公也说："听说底下埋得深着哪。自从内战后你婆婆家就住在这里，谁也没把它给弄出来。"就这样石头留了下来。

　　我的孩子出生了，长大了，独立了。我公公去世了，后来，我丈夫也去世了。现在我审视这院子，发现院角那儿怎么也不顺眼，就因为那块石头，护着一堆杂草，像是绿草地上的一块疮疤。我拿出铁锹，振奋精神，打算哪怕干上一天，也要把石头挖出来。谁知我刚伸手那石头就起出来了，不过埋得一尺深，下面比上面的就宽出六寸左右，我用撬棍把它撬松然后搬到手推车上。这使我惊愕不已，那石头屹立在地上的时间之长超过人们的记忆，每人都坚信前辈人曾试图挪动它，但都无可奈何。仅因为这石头貌似体大基深，人们就觉得它不可动摇。

　　那石头给了我启迪，我反倒不忍把它扔掉。我将它放在院中的醒目处，并在周围种了一圈长春花。在我这片小风景地中，它提醒人们：阻碍我们去发现、去创造的，仅仅是我们心理上的障碍和思想中的顽石。

人们有许多成功的机会都断送在自己的心理障碍上。老人讲："从古至今就没有人这样办。"有人讲："前面根本就没路。"就是这些定论，阻碍了我们去发现、去创造的欲望。

东海老龟

话说，佛陀在世时曾召集所有门徒，问他们说："这个世上什么事情最难？"众徒思考过后，大徒弟说："贫穷布施难。"意谓人在贫穷时想要他用身上仅有的东西救助别人，那是很难的。佛陀回说："它再难，尚有人舍生取义，故贫穷布施不算最难。"接着二徒弟说："随喜最难。"因为人性善妒，想要一个人由衷地去欣赏、称赞别人比自己成功、比自己优秀，这非常难。佛陀回说："它是很难，但是大气度、大心量之人，如在座众徒均可做到，这不能算最难。"众徒弟皆默然……

佛陀再问众徒："在东海海底有只千年神龟，每隔一千年才会浮出海面吐换一口真气。一日正巧探头出海面，一头撞进了一块如桌面大，且其间有个破洞的浮木上。这时头卡在木洞里，尽管使尽全力，然再也缩不回去了。像这般的巧合，难不难？"众徒尽皆点头，赞同道："这真难！"

但佛陀又接着说："东海神龟还不算最难，真正难的是：世间人向来只知以经典为师，从来不懂得以人为师、以经验为师。不悟由今之世，经师易得，但人师难求。更甚者，只想用过去有限的知识推论未来，以推论当结论，因而活在无知的苦难里。故而，以人为师才真正是人世间最难的事情呀！"

有了学习心，更应积极培养恭敬心。以求学的心境，以经验为师，以成功者的言行贡献为师，便更能缩短努力的时间，省去自己摸索的时间及避免撞得

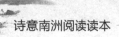

头破血流而一事无成。或深信，如果有了成功者的示范，则人人均可成功。成功是可以copy的。

拴象的小木柱

听说马戏团是这样训练大象的。

在大象还是小象的时候，把它绑在一根大的木柱上，好动的小象一开始会想挣脱木柱，挣脱了许多次，小象就发现自己无法挣脱那根木柱。

这时候，给小象换一根比较小的木柱，仍然是它无法挣脱的。再过一阵子，又给小象换一根更小的、依然无法挣脱的木柱。久而久之，在小象的思维系统里，它会自己下一个结论：凡是木柱形状的东西，都是我不能挣脱的。

当小象的结论养成之后，即使把它绑在一根最小的木柱上，小象也不会想跑走了。当它长成大象，力量足以挣开木柱的束缚，但自由的企图已失去了。这时候，即使形状像木柱的小木棒，也能使大象屈服。

这是为什么马戏团的大象都系在一根小木柱上，也不去挣脱跑走的原因。

导师寄语

如果我们的心灵接受了"难以挣脱"的结论，那么真理将永远不再回来。

去捡石头吧

一个人觉得生活很沉重，便去见哲人，寻求解脱之法。哲人给他一个篓子背在肩上，指着一条沙砾路说："你每走一步就捡一块石头放进去，看看有什么感觉。"

过了一会儿，那人走到了头，哲人问有什么感觉。那人感觉越来越沉重。
当我们来到这世界上时，我们每个人都背着一个空篓子，然而我们每走一步都
要从这世界上捡一样东西放进去，所以才有了越走越累的感觉。

那人问："有什么办法可以减轻这沉重吗？"

哲人问他："那么你愿意把工作、爱情、家庭、友谊哪一样拿出来呢？"

那人不语。

导师寄语

哲人曾说过，当感到沉重时，也许你应该庆幸自己不是总统，因为他背的
篓子比你大多了，也沉重多了。

断指的国王

国王喜爱打猎，有次在追捕猎物时，不幸弄断了一节食指。国王剧痛之
余，立刻召来智慧大臣，征询他们对意外断指的看法。智慧大臣仍轻松自在地
对国王说，这是一件好事，并请国王往积极方面去想。

国王闻言大怒，以为智慧大臣是在幸灾乐祸，就让侍卫将他关到监狱。

待断指伤口愈合之后，国王又兴冲冲地忙着四处打猎，却不料祸不单行，
被丛林中的野人埋伏活捉。

依照野人的惯例，必须将活捉的这队人马的首领献祭给他们的神。正当
祭奠仪式刚刚开始时，巫师发现国王断了一截手指，而按他们部族的律例，献
祭不完整的祭品给天神，是会受天谴的。野人连忙将国王解下祭坛，驱逐他离
开，另外抓了一位大臣献祭。

国王狼狈地回到朝中，庆幸大难不死。忽而想起智慧大臣所说，断指确是
一件好事，便立刻将他从牢中释出，并当面向他道歉。

智慧大臣还是保持他的积极态度，笑着原谅国王，并说这一切都是好事。

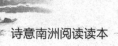

国王不服气地质问："说我断指是好事，如今我能接受，但因我误会你，而将你关在牢中受苦，难道这也是好事？"

智慧大臣笑着回答："臣在牢中，当然是好事。陛下不妨想想，今天若不是臣在牢中，陪陛下出猎的大臣会是谁呢？"

导师寄语

犹太人有段寓言是很有意思的：如果断了一条腿，你就该感谢上帝没有折断你两条腿；如果断了两条腿，你就该感谢上帝没有折断你的脖子；如果断了脖子，那也就没什么好担忧的了。

泥泞留痕

鉴真大师刚刚遁入空门时，寺里的住持让他做了谁都不愿做的行脚僧。

有一天，日已三竿了，鉴真依旧大睡不起。住持很奇怪，推开鉴真的房门，见床边堆了一大堆破破烂烂的瓦鞋。住持叫醒鉴真："你今天不外出化缘，堆这么一堆破瓦鞋做什么？"

鉴真打了个哈欠说："别人一年一双瓦鞋都穿不破，我刚剃度一年多，就穿烂了这么多的鞋子。"

住持一听就明白了，微微一笑说："昨天夜里落了一场雨，你随我到寺前的路上走走看看吧。"

寺前是一座黄土坡，由于刚下过雨，路面泥泞不堪。

住持拍着鉴真的肩膀说："你是愿意做一天和尚撞一天钟，还是想做一个能光大佛法的名僧？"

鉴真说："当然是做一个名僧。"

住持捻须一笑："你昨天是否在这条路上走过？"鉴真说："当然。"

住持问："你能找到自己的脚印吗？"

鉴真十分不解地说："昨天这路又坦又硬，哪能找到自己的脚印？"

住持又笑笑说："今天你在这路上走一趟，你能找到你的脚印吗？"

鉴真说："当然能了。"

住持听了，微笑着拍拍鉴真的肩说："泥泞的路才能留下脚印，世上芸芸众生莫不如此啊。那些一生碌碌无为的人，不经历风雨，就像一双脚踩在又坦又硬的大路上，什么也没有留下。"鉴真恍然大悟。

👤 导师寄语

只有那些在风雨中走过的人们，才知道痛苦和快乐究竟意味着什么。那泥泞中留下的两行印迹，证明着他们的价值。默默耕耘，不问收获，这样的人生经历才会更精彩。

选 择

几个学生向苏格拉底请教人生的真谛。

苏格拉底把他们带到果林边。

"你们各顺着一行果树，从林子这头走到那头，每人摘一枚自己认为最大、最好的果子。不许走回头路，不许做第二次选择。"苏格拉底吩咐说。

学生们出发了。他们都十分认真地进行着选择。等他们到达果林的另一端时，老师已在那里等候着他们。

"你们是否都选择到自己满意的果子了？"苏格拉底问。

"老师，让我再选择一次吧！"一个学生请求说，"我走进果林时，就发现了一个很大很大的果子，但是我还想找一个更大、更好的。当我走到林子的尽头后，才发现第一次看见的那枚果子就是最大、最好的。"

其他学生也请求再选择一次。

苏格拉底坚定地摇了摇头："孩子们，没有第二次选择，人生就是如此。"

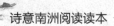 **导师寄语**

　　没有第二次选择，这就是人生的真谛之一。你不能让选择重新来过，一切都必须从当下做起，而收获也只是未来的日子里可能会出现的结局。这是我们的唯一选择，没有捷径可言。

画的真伪

　　古时的一幅画，长期不为人知。后来，它被放在一个镶满宝石的画框里，才引起人们的重视。

　　人们审视着这幅画，断定：用这样贵重的画框当然是名画。这论断被认为是有道理的，于是又有行家考证，又成为一种根据：不是名画珍品怎么会有行家考证？

　　这幅画终被送去展览，以求有更多的人鉴定。不想这又是一个根据：不是名画能展出吗？于是盛况空前，正当有的观赏者惊叹这幅画是传世之宝时，却有人发现画框上的宝石是假的，这消息迅速传开，引起轰动，于是众多的人又一致认为：这幅画肯定是赝品，要不然不会放在一个假宝石画框里！

　　人们散了。这幅画的真伪，一时竟成为不解之谜。

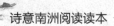 **导师寄语**

　　盲目的从众心理，蒙蔽了我们本该善于发现的双眼，就像一幅画的真伪，我们必须通过自己的扎实工作来验证它，而人云亦云地谈论和猜测，只会使真实成为我们的回忆。

从"0"开始

上帝把1、2、3、4、5、6、7、8、9、0十个数字摆出来，让面前的十个人去取，说道："一人只能取一个。"

人们争先恐后地拥上去，把9、8、7、6、5、4、3都抢走了。取到2和1的人，都说自己运气不好，得到很少很少。

可是，有一个人却心甘情愿地取走了0。

别人说他傻："拿个0有什么用？"

别人笑他痴："0是什么也没有呀！要它干啥？"

这个人说："从0开始嘛！"便埋头孜孜不倦地干起来。

他获得1，有0便成为10；他获得5，有0便成了50。

他一心一意地干着，一步一步地向前。

他把0加在他获得的数字后面，便十倍十倍地增加。他终于成了最富有、最成功的人。

👤 导师寄语

从零开始，经营自己的人生，也许将会收获更多。记不清我们的身边有过多少这样的事例，真是不胜枚举。我们的钦佩只因他们的勇气和意志。从零开始吧，需要的只是你的行动。

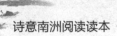

河边的苹果

一位老和尚，他身边聚集着一帮虔诚的弟子。这一天，他嘱咐每人去南山打一担柴回来。弟子们匆匆行至离山不远的河边，人人目瞪口呆。只见洪水从山上奔泻而下，无论如何也休想渡河打柴了。无功而返，弟子们都有些垂头丧气。唯独一小和尚与师傅坦然相对。师傅问其故，小和尚从怀中掏出一个苹果，递给师傅说，过不了河，打不了柴，见河边有棵苹果树，我就顺手把树上唯一的一个苹果摘来了。后来，这位小和尚成了师傅的衣钵传人。

导师寄语

世上有走不完的路，也有过不了的河。过不了河掉头而回，也是一种智慧。但真正的智慧是还要在河边做一件事情：放飞思想的风筝，摘下一个"苹果"。历览古今，抱定这样一种生活信念的人，最终都实现了人生的突围和超越。

牢房里的苍蝇

有一个囚犯，被关在牢狱里，他的牢房空间非常狭小，住在里面很是拘束，不自在又不能活动。他的内心充满着愤慨与不平，倍感委屈和难过，认为这么一间小囚牢简直是人间地狱。他每天就这么怨天尤人，不停地抱怨着。

有一天，这个牢房里突然飞进一只苍蝇，嗡嗡叫个不停，到处乱碰乱撞。他心想：我已经够烦了，又加上这讨厌的家伙，实在气死人了，我非捉到你不可！他小心翼翼地捕捉，无奈苍蝇比他更机灵，每当快要捉到它时，它就轻盈地飞走了。苍蝇飞到东边，他就向东边一扑；苍蝇飞到西边，他又往西边一扑。捉了很久，还是无法捉到它。他这才慨叹地说："原来我的小囚房不小啊！居然连一只苍蝇都捉不到，可见蛮大嘛！"此时他悟出一个道理，原来心外世界的大小并不重要，重要的是我们自己的内心世界。

📖 导师寄语

不以物喜，不以己悲。不论世间会有怎样的变化，只要内心不为所动，那么一世荣辱、是非得失，凡此种种，便都不能奈何我们。要知道，心里的世界是无限广阔的。

观棋不语

从前有个读书人，不管做什么事情，都喜欢引经据典，用他的话来说，是"不违古训"。

有一天，他家失火，他嫂子气喘吁吁地对他说："速速喊你哥哥救火，他在隔壁三爷家下棋。"

读书人出了大门，自言自语道："嫂嫂叫我速速，圣贤书上不是说过'欲速则不达'，我焉能速！"于是，他慢慢吞吞地走到了三爷家，一见哥哥正在兴高采烈地弈棋，便默默地立在哥哥身旁观棋。等到一局下完，他才说道："哥哥，家中失火，嫂子叫你回去速救！"

他哥哥一听，气得浑身直抖，骂道："你在这里立了半天，干吗不早说？"他指着棋盘上的字说："兄不见此棋盘上明明写着'观棋不语真君子'吗！"

他哥哥见他还在甩斯文，举起拳头要打他，但又缩了回来。他见哥哥缩回拳头，反而把脸凑了过去，说道："哥哥，你打吧！棋盘上不是明明写着'举手无悔大丈夫'，你怎么又把手缩回去了呢？"

导师寄语

人生不能一味地按照某种教条度过，人生需要变革，变革才是成功的源泉。

王子妙法解冤仇

很久以前，有个国王非常重视儿女的治国本领。有一次，他让王子随便去办一件事，以检验儿子的才干和智慧。

王子来到一个诸侯国，他先打听这个国家的人们喜欢什么、讨厌什么、谷米价钱如何、民情风俗如何。他听说国内两大家族都有钱有势，可是由于种种原因，两个家族成了冤家对头，没人能给他们调解。王子打听清楚后，想了一个办法。

他买了许多礼物，来到其中一家要求接见。这家主人便接见了他。王子以另一个家族的名义把带来的各种礼物全部奉献上来，然后再三致意说："我家主人让我向您问好。主人说，从前与您失和，实在是太对不起了。追究起来，都是下面人干的坏事，才使我们两家结下冤仇。由于我们两人多年没有见面，没法解释误会。这次给您送上一些礼物，不值什么钱，只是表示一点心意，希望您能收下，不要见笑。我们两家其实没有什么深仇大恨，希望和睦相处。"这家主人听了王子一番话，非常高兴，说："我早想与您家主人和解，但一直没有找到合适的人来表达我的心意。这次承蒙您家主人好意，特意派您到我家来，真叫我喜出望外。我一定按照您家主人的意思，今后和睦相处。"

王子探明了这家主人的心意，也非常高兴，告辞出来。

他又买了许多礼物，来到第二家。见了这家的主人，他又像在前一家那样假借名义代为问好。这家主人也十分高兴，答应今后一定和睦相处。

于是王子替两家定下了约会的日期，到了那一天，两家的主人带着全家人来了。大家握手言欢，唱歌跳舞，喝酒欢庆，都为两家终于和好而高兴。大家追问起和好的原因，才明白是王子使巧计。两家主人都说："我们两家多年失和，全国这么多人，没有一人能使我们和解。这个外乡人却凭着他的聪明才智做到了这一点。他对我们的恩德之大，真是语言无法表达的。"他们每人拿出几千两黄金酬谢王子，王子高兴地回去了，到家后，他向父王汇报了所做的一切，国王听后对他的才智十分满意。

👤 导师寄语

冤家宜解不宜结。滥施一番，等于白施；胡赠一遍，等于白赠。看菜下饭，看人说话。别人不喜欢的，再贵重也是轻微，别人喜欢的，再轻微也是贵重。善于给予别人所需要的，礼不在于轻重，关键是看对方是否喜欢。

情义无价

在20世纪初，一家日本移民到了美国的旧金山。这里气候宜人，土地肥沃。他们整出一块地做苗圃，种植玫瑰花。花儿长得很好，他们每周三次开着小货车将花卉送到市场去卖，生意挺不错。

不久，一个来自瑞士的移民家庭做了他们的邻居。这家人也整出了一块地，种植玫瑰花，并拿到市场去卖，生意也很好。两家的玫瑰花在旧金山市场都是出了名的。

两家人和睦相处，做了40年的邻居。父母老了，儿子们接替了他们的活计。但在1941年12月7日，日本偷袭了珍珠港，美国对日本宣战。美国公布了《战时安全法》，将日本侨民全部清查并拘留。这家日本人的后代虽已成了美国公民，但因其老父亲仍保留了自己的国籍，所以也没能例外。

在这家日本人被遣送前，他们的邻居前来探望并说："别担心，我们一定会照看好你家的苗圃。"

这家日本人被送到科罗拉多州哥瑞纳达的一片荒芜的山丘中，住进了油毡

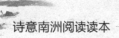

顶的简陋房子，在空荡荡的大院子四周，是铁丝网和持枪的哨兵。

一年、两年、三年过去了，他们的邻居一直在苗圃里耕耘，孩子们放学后都要去苗圃松土、浇水。为了照看好两个大苗圃，孩子们的父亲每天要工作十六七个小时……

终于有一天，1945年5月，德国人投降了，"二战"就要结束了，这家日本人收拾了简单的行装，登上了回家的火车。

在火车站，手捧鲜花的老邻居一家人满面笑容地迎接他们。当他们接近自己几年没见的苗圃时，一股花香扑鼻而来。这家日本人惊呆了，苗圃仍像当年那样花朵艳丽，土地松软湿润，无数的蜜蜂在花丛中飞旋。

他们的家中仍是那样一尘不染，在餐桌上，一大瓶含苞欲放的红玫瑰散发出醉人的幽香……

🧑 导师寄语

人的快乐若只限于自己的享受，那是狭隘而短暂的；人的快乐更多的应是对别人的贡献，那是宽广而持久的。给予别人快乐的人最快乐。

医生和盲妇

有位老妇人眼睛害病，什么也看不见，于是请来医生。

他们找来证人，在医治前签订了一份合同：只要能治好老妇人的眼睛，让她重见光明，医生将得到一笔丰厚的酬金；相反，如果医治无效，老妇人将分文不给。此后，医生常来行医，用药膏医她的眼睛。不过每次来访，他总要顺手牵羊，偷走老妇人的东西，渐渐把老妇人的东西都偷光了。后来老妇人的眼睛治好了，她见屋里的东西被盗，就拒绝付医疗费。医生坚持合约的规定，见老妇人违约，就到法官那里去告状。老妇人在法庭上的回答很精彩："我的确答应过，如果他医好我的眼睛，我付钱给他，如果医不好，就不付款。现在医生认为已经治好了我的眼睛，而我则不这么认为，我还是瞎子。因为假若我的眼睛治好了，为什么我连屋里的值钱东西都看不见呢？我看还不如以前。”

👤 导师寄语

以为别人老实，就可以欺负，其实谁都不傻，"哑巴吃饺子心里有数"。别人不声张，并不说明你已经阴谋得逞，最后受害的还是你自己。

得 失

有一天，一只狐狸走到一个葡萄园外，看见里面水灵灵的葡萄垂涎欲滴。可是外面有栅栏挡住，无法进入。于是狐狸一狠心绝食三日，减肥之后，终于钻进葡萄园内饱餐一顿。当它心满意足地想离开葡萄园时，发觉自己吃得太饱，怎么也钻不出栅栏，无奈，只好再饿肚三天，才钻了出来。

👤 导师寄语

办任何事情，都会有得有失，重要的是要学会权衡利弊、权衡得失，绝不能因小失大，得了芝麻、丢了西瓜。

鱼竿和鱼篓

从前，有两个饥饿的人得到了一位长者的恩赐：一根鱼竿和一篓干鱼。其中，一个人要了一篓鱼，另一个人要了一根鱼竿，于是他们分道扬镳了。得到鱼的人原地就用干柴搭起篝火煮起了鱼，他狼吞虎咽，还没有品出干鱼的肉香，转瞬间连鱼带汤就被他吃了个精光。不久，他便饿死在空空的鱼篓旁。另

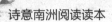

一个人则提着鱼竿继续忍饥挨饿，一步步艰难地向海边走去。可当他已经看到不远处那片蔚蓝色的海洋时，他浑身的最后一点力气也使完了，也只能眼巴巴地带着无尽的遗憾撒手人间。

又有两个饥饿的人，他们同样得到了长者恩赐的一根鱼竿和一篓干鱼。只是他们并没有各奔东西，而是商定共同去找寻大海。他俩每次只煮一条鱼，经过遥远的跋涉，他们来到了海边。从此，两人开始了以捕鱼为生的日子。几年后，他们盖起了房子，有了各自的家庭、子女，有了自己建造的渔船，过上了幸福安康的生活。

导师寄语

互帮互助，才能互相成就，才能携手走得更远。

狐狸和山羊

一只狐狸不小心掉进一口非常深的井里，无法脱身。这时一只口渴的山羊来井边饮水，它看见狐狸在下面，就问井水味道如何。狐狸尽力掩饰自己的狼狈相，不断地称赞井水味道好得不能再好了。山羊一心想着喝水，听完马上跳了下去，等它喝完了水，不再口渴了，才发现自己和狐狸的困境。

这时狐狸想出一个所谓共同出井的办法，它说："你把前脚抵在井壁上，低下头，我先踩着你的后背上去，然后想办法拉你上来。"山羊就照它吩咐的做了。于是狐狸跳上山羊背，蹬着羊角，飞身跳出了井口，然后就要溜走。山羊气得大骂狐狸不守信用，狐狸转头回敬道："你这头笨羊！如果你头脑灵活，就应该在看清出路之后，再决定跳不跳，那样就不会有这样的危险了，真是白长了一把胡子！"

导师寄语

三思而后行，才是上策。看到利益就上，是讨不到便宜的。行动之前，先想好退路，这样才能立于不败之地，切不可草率行事，否则就会犯"丢了西瓜捡芝麻"的大错，那就得不偿失了。当然，像狐狸那样背信弃义的人，最终是没有好下场的。不是不报，时候未到。

落水者和负重者

拿破仑年轻的时候，一次到郊外打猎，突然听见有人喊救命，他快步走到河边，见一男子正在水中挣扎。这河并不宽，拿破仑端起猎枪，对准落水者，大声喊道："你若再不自己游上来，我就把你打死在水里！"那人见求救已无用，反而更添一层危险，便只好奋力自救，终于游上岸来。

拿破仑当了皇帝后，一天清晨，在花园中散步，迎面被身负重物的士兵挡住去路。这时，宫廷女卫士长忙喝令士兵赶快给大帝让路，拿破仑却阻止说："夫人，请尊重负重者。"并给负重士兵让开了一条路。

拿破仑拿枪逼迫落水者自救，是想告诉他，自己的生命本应该自己负责，唯有负责的生命才是真正有救的生命。"请尊重负重者"，在拿破仑看来，地位的高低是不重要的，重要的是生命肩头的分量。

👤 导师寄语

假如我们正处于一个不利的位置，那么，请丢掉幻想，自己解救自己吧。即使我们最终没能到达彼岸，但只要我们努力了，只要是负重前行，即使是拿破仑，也会尊重我们的。

人际关系

如果你仔细地去看成功者，会发现他们有一个共同之处，那就是他们的人际关系都很广泛。

只有拥有了广泛的人际关系，才能建立起庞大的信息网，这样就比别人多了一些成功的机遇和桥梁。

美国前总统克林顿能够成功赢得竞选，也与他拥有广泛的人际关系分不开。在他竞选过程中，他所拥有的高知名度的朋友都扮演着举足轻重的角色。这些朋友包括他小时在热泉市的玩伴、年轻时在乔治城大学与耶鲁法学院的同学及日后当罗德学者时的旧识等。他们为了克林顿能够成功，四处奔走，全力支持他。所以克林顿在任总统后，还不无感慨地说，朋友是他生活中最大的安慰。

根据《行销致富》一书作者坦利的说法："成功是一本厚厚的名片簿。更重要的是成功者广结人际网络的能力，这或许便是他们成功的主因。"百万富翁们不仅晓得有谁被蕴藏在他们厚厚的名片簿里，更愿意把这些资源与其他百万富翁分享。

要有成功的人际关系，你不仅要用基本常识去"感受"，更要有极大的行动去"执行"。"人际网络前进后的意义，其实比一般人所能想象得到的都还深远。"这是魏斯在《不上，则下》中记录的访问280位企业总裁后所发表的感想。他说："那些企业总裁们，非常致力于发展互需关系的基础。虽然每个人都有他们如何步步高升到金字塔顶端的精彩故事，但大多数人把他们的成功归功于身旁的人的提拔。"

根据美国作家柯达的说法："人际网络非一日所成，它是数十年来累积的成果。如果你到了40岁还没有建立起应有的人际关系，麻烦可就大了。"

要想成功，就必须有一个好的人际圈子，要知道仅凭一个人的能力是很难完成自己的事业的。只有他人愿意帮你，不断地给你提供各种资源，你才能有更多的成功机会。但是，人际关系的圈子是需要你来培养的，只有凭借真诚和爱心才能巩固你的人际关系。

自我教育

汽车大王福特年少时曾在一家机械商店当店员，周薪只有2.05美元，但他每周都要花1.8美元来买机械方面的书。当他结婚时，除了一大堆五花八门的机械杂志和书籍之外，他一无所有。就是这些书籍，使福特向他向往已久的机械世界迈进，开创出一番大事业。功成名就之后，福特曾说道："对年轻人而言，学得将来赚钱所必需的知识与技能，远比蓄财来得重要。"

事实已经证明，受过最成功教育的人，往往是自学成功者或自我教育的人。让人有学问见识的不光是学位，教育包含的也不只有知识，还有更重要的运用知识的方法和持久的问题。而教育不足，对个人的成长是不利的。发表过《进化论》的达尔文就说过："我的学问最有价值的全是自己苦读学来的。"

对我们有价值的并不是在学校念过书的事实，而是求学的态度。对书籍不感兴趣，或是"忙得没工夫看书"的人，终会被时代的激流淘汰。

一切教育之中，最高级、最有价值的是自我教育。世界上最可怜的人，就是不太喜欢看书报的人。

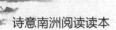

苹果的味道

学生们向苏格拉底请教怎样才能坚持真理。苏格拉底让大家坐下来。他用手指捏着一个苹果，慢慢地从每个学生座位旁边走过，一边走一边说："请同学们集中精力，注意嗅空气中的气味。"然后，他回到讲台上，把苹果举起来左右晃了晃，问："哪位同学闻到了苹果的味儿？"

有一位学生举手回答说："我闻到了，是香味儿！"

苏格拉底再次走下讲台，举着苹果，慢慢地从每一个学生的座位旁边走过，边走边叮嘱："请同学们务必集中精力，仔细嗅一嗅空气中的气味。"

稍停，苏格拉底第三次走到学生中，让每位学生都嗅一嗅苹果。这一次，除一位学生外，其他学生都举起了手。那位没举手的学生左右看了看，也慌忙举起了手。

苏格拉底脸上的笑容不见了，他举起苹果缓缓地说："非常遗憾，这是一个假苹果，什么味儿也没有。"

📖 导师寄语

当你决定放弃自己的坚持，而去选择与他人相同的目标或是结果时，真理便已离你远去。就如苏格拉底手中的苹果，那是一种虚幻的气味，却使得人们纷纷忘了真实，结果也只能是犯了错误，放弃了真理。

哲学家和好心人

哲学大师第欧根尼为了充实自己，四处云游。

一天他来到了河边，由于水深流急，他不敢蹚过河去。恰好有个好心人见他为难，就把他背到对岸。哲学家大为感动，不断夸奖好心人，并歉意地说自己身无分文，没法报答他。这时好心人又看见有人在对岸，于是又帮那人过了河。第欧根尼这时候明白了，他说："看来我不用感谢你，因为你根本就不在乎我的名望，帮我只是本性的驱使罢了。"

导师寄语

乐于助人之所以被称为美德，就在于其行为毫无不良动机，不求回报。所以不妨以此自勉，在别人有困难时，多替对方想想，不要过于在意自己。这样一来，帮助别人也等于帮助了自己，这很能陶冶一个人的高尚情操，也算得上是一种情操的锻炼。

爱迪生计算灯泡容量

爱迪生是美国的大发明家。他的一切发明都和他的思维活跃分不开。

一天，爱迪生在实验室里工作，急需要知道灯泡容量的数据，由于手头工作太多，他便递给助手一个没有上灯口的玻璃灯泡，吩咐助手把灯泡的容量数据量出来。过了很长时间，爱迪生手头的活早已干完，然而助手仍未将数据送来。于是，爱迪生便亲自去找助手。一进门，便看到助手正在忙于计算，桌上的演算纸已经堆了很多了。爱迪生忙问："还需要多长时间？"助手说："一

半还没完呢。"爱迪生明白了，原来，他的助手用软尺测量了灯泡的周长、斜度，正在用复杂的公式计算呢。小伙子还把程序说给爱迪生听，证明自己的思路没错。爱迪生不等他说完，便拍了拍他的肩膀说："是白忙了，小伙子，这么干。"说着，他往灯泡里面注满了水，交给助手："把这里面的水倒在量杯里，马上告诉我它的容量。"助手听到后，脸一下子红了。

📿 导师寄语

爱迪生一生的成功都在于他思维活跃，勇于探索未知领域。从这个小故事我们也可以看出，思想僵化、呆滞的人是不可能有所建树的。

渔夫和小鱼

有个渔夫整日打鱼，以此为生。有一天，他运气不佳，忙活了一整天，只网到了一条小鱼，而且小鱼还劝他另做决定："渔夫，你放了我吧，我这么小，也不值钱，你要是把我放回海里，等我长成一条大鱼，到那时你再来捉我，不是更划算吗？"渔夫说："小鱼，你讲得挺有道理，但是我如果用眼前的实利去换取将来不确切的所谓'大利'，那我恐怕就太愚蠢了。"

📿 导师寄语

要知道，大海可不是渔夫自家的池塘，想要什么就捞什么，所以切切实实地珍惜每一分收获是很重要的，渔夫的回答没错。

美丽的角和实用的脚

一头鹿站在河边，一边喝水，一边欣赏自己。它不断赞扬着自己形态多姿的角，却对细长柔弱的脚不太满意。它正在想这些问题，一头狮子已向它猛扑过来。它在平原上跳跃着，很快和狮子拉开了距离。它钻进树林，角却被藤蔓缠住，狮子很快赶上来把它抓住了。鹿悔恨至极："正是我轻视的脚救了我，而我所赞扬的角却置我于死地！"

👤 导师寄语

美丽不一定好用，好用不一定美丽。俗话说，"人不可貌相"。相反许多貌不出众、少言寡语的人却可能是实干家。所以对眼前的优缺点最好能进行辩证的认识。

聪明的华佗

东汉末年，七岁的华佗到一位姓蔡的医生家去拜师。行过见面礼后，华佗规规矩矩地坐在那里静听老师的吩咐。

蔡医生医术高明，前来拜师的人很多。蔡医生觉得应该收那些智力高的孩子为徒，所以决定先考考他们。

他把华佗召到面前，指着家门口的一棵桑树提了一个问题："你瞧，这棵桑树最高枝条上的叶子，人够不着，怎么能采下桑叶来？"

华佗道："用梯子呗！"

"我家没梯子。"

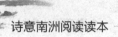

"那我就爬上去采。"

"不，你能想出别的方法吗？"

华佗找了根绳子，用绳子系上一块小石头，然后用力往那最高的枝条上抛。那根树枝被绳子拉了下来，华佗一伸手就把桑叶采下来了。

蔡医生高兴地点点头说："很好，很好！"过了一会儿，庭院旁有两只山羊在打架。几个孩子去拉，可是怎么也拉不开。

"你去想想办法，叫那两只羊不要打架吧。"

华佗在桑树下转了一圈，拔了一把鲜嫩嫩、绿油油的草。他把草送到两只山羊的面前。这时，山羊打累了，肚子也饿了，见了草就顾不得打架了。

"你真会动脑子，我很高兴当你的老师。"

就是这个华佗，后来成了著名的医师。

导师寄语

凡事善动脑子，一切问题都会迎刃而解，若是知难而退，终生只会庸庸碌碌。

四人过河

那是地处险恶的峡谷，涧底奔腾着湍急的河流，几根光秃秃的铁索横亘在悬崖峭壁间，这就是过河的桥。

一行四人来到桥头，一个盲人，一个聋子，两个耳聪目明的健全人。

四个人一个接一个地抓住铁索，凌空行进。结果呢？盲人、聋人过了桥，一个耳聪目明的人也过了桥，另一个则跌下去，丧了命。

难道耳聪目明的人还不如盲人、聋人吗？

他的弱点恰恰源于耳聪目明。

盲人说："我的眼睛看不见，不知山高桥险，心平气和地攀索。"聋人说："我的耳朵听不见，不闻脚下咆哮怒吼，恐惧相对减少了很多。"那么过桥的健全人呢？他的理论是：我过我的桥，险峰与我何干？急流与我何干？只管注意落脚稳固就够了。

👤 导师寄语

很多时候，成功就像攀附铁索，失败的原因，不是智商的低下，也不是力量的薄弱，而是威慑于环境，被周围的声势吓破了胆。

巧抓绑匪

西班牙一名5岁的女童梅洛迪，在上学途中被三名匪徒劫走。数小时后，梅洛迪的家人接到电话，匪徒勒索1千万美元。

梅洛迪的父亲纳卡恰安是西班牙的富商，在埃斯特波纳开设有夜总会。他说："我只能筹到300万美元。时间越长，我越担心女儿的安全。"

幸好纳卡恰安情急智生。他想起歌星妻子的最新唱片，那唱片封套上妻子照片中的眼睛里，反映出摄影师的影像。于是，他再次接到匪徒电话时，立即要求他们拍摄女儿的照片，证实她仍然生存。

纳卡恰安收到女儿的照片后交给警方，由警方的摄影专家利用精密仪器将梅洛迪的眼睛放大，果然从中看出匪徒的相貌。探员认出其中一名绑匪是惯犯，而且知道他平日出没的地点。于是，为时12天的绑架案得到突破性发展，警方根据这个线索终于破了此案，使梅洛迪得救。

👤 导师寄语

机智是知识的积累，平常的智慧储蓄在关键时刻，会有惊人的效果。

造屋与树人

清末封疆大吏左宗棠告老还乡，在长沙大兴土木，为子孙后代留下豪华府第。他总是怕工匠偷工减料，便亲自拄着拐杖到工地督工，这儿摸摸，那儿敲敲。有位老工匠看他如此不放心，就说："大人，放心吧。我活了这么一大把年纪，在长沙城里造了不知多少府第。在我手上造的府第，从来没有倒塌过，但屋主易人却是常有的事。"左宗棠听言，不觉满面羞愧，叹息而去。

同为清代名臣，林则徐在对待儿孙问题上就要开明很多。他曾说："子孙若我，要钱干什么？贤而多财，则损其志；子孙不若我，要钱做什么？愚而多财，益增其过。"

导师寄语

为子女留下财富，不如留下更多的知识，后代不一定能保留住财富，但须用知识去创造财富。

燕子和蜗牛

从老远老远的地方，飞来一只燕子，它飞过大海，飞过江河，飞过千山万水，来到一块田边歇脚。

一只蜗牛爬过来，伸起长长的脖子，抬起头、噘着嘴，委屈地对燕子说："燕子姐姐，人家都说我走路慢吞吞的，可是我一个早上就爬过一条长长的田埂。你看，路上那光闪闪的银液，就是我留下的记号呀！"

"也难怪人家说你！"燕子笑了笑，"究竟你比谁快，你想过吗？"

"这个……我倒真没想过。"蜗牛说。

"啊！"燕子说，"那你就好好想一想，看一看，比一比。"说完就要飞走。

蜗牛叫住燕子，要它再歇一会儿。燕子说："不能再歇了，今天我还要赶五百多里路哩。"

蜗牛历来习惯爬行，认为爬行前进已经够理想了。听到燕子的话，它愕然了，伸出长长的脖子，使劲地点头，决心要像燕子那样飞向远方……

👤 导师寄语

人的能力不同，贡献也不一样。只要尽了全力，就会问心无愧。

猪舌头的"魅力"

国王要招待一位贵宾，于是命令大臣去集市上给他买来最好的食物。食物买回来了，国王与客人一看，原来是猪舌头，十分奇怪，就问原因。大臣说："陛下，因为舌头能讲出最美的语言，说出最华丽的词语，因而它才是世界上最好的食物。"接着国王让大臣去买世界上最坏的食物，结果大臣买来的仍然是猪舌头。他向国王解释："尊敬的陛下，舌头是世上最可怕的东西。它挑拨是非，颠倒黑白，能把死的说成活的，能把活的说成死的，所以最坏不过。"

👤 导师寄语

这个大臣很聪明，借买菜之机向国王直谏，让国王知道了语言、舆论的力量是不容忽视的。语言在不同人的口中发挥不同的作用，有人用它表达思想，有人用它歌唱，总之语言是一种很重要的工具。诚实的人说话最值得接受，尽管有时忠言逆耳，但它绝对有益处。狡诈的人常常说谎，欺骗别人，尽管很动听，但这是很危险的。

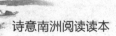

"一滴智慧"出大王

报载，有一位青年在美国某石油公司工作，他所做的工作连小孩都能胜任，就是巡视并确认石油罐盖有没有自动焊接好。石油罐在运输带上移动至旋转台上，焊接剂便自动滴下，沿着盖子回转一周，作业就算结束。

他每天如此，反复好几百次地注视着这项作业，枯燥无味，厌烦极了。他想创业，可又无其他本事。他发现罐子旋转一次，焊接剂滴落39滴，焊接工作便结束了。他想，在这一连串的工作中，有没有什么可以改善的地方呢？一天，他突然想到，如果能将焊接剂减少一两滴，是不是能节省点成本？于是，他经过一番研究终于研制出"37滴型"焊接机。

但是，利用这种机器焊接出来的石油罐偶尔会漏油，并不理想。但他不灰心，又研制出"38滴型"焊接机。这次的发明非常完美，公司对他的评价很高。不久便生产出这种机器，改用新的焊接方式。虽然节省的只是一滴焊接剂，但"一滴"却给公司带来了每年5亿美元的新利润。

这位青年，就是后来掌握全美制油业95%实权的石油大王约翰·D. 洛克菲勒。

🧑 导师寄语

人生的改变总是从小的方面开始的，"改良焊接机"改变了洛克菲勒的人生。他成功的关键在于他特别注意普通人往往会忽略的平凡小事，有了这种基础，企业必定能够做到"人无我有，人有我新，人新我变"。

坟场的启示

某年某月的某日，一家企业的管理者坐在某餐厅的角落里独自喝闷酒。一位热心人走上前去，问道："您一定有什么难解的问题，不妨说出来，让我给您帮帮忙吧！"

企业家看了他一眼，冷冷地说："我的问题太多了，没有人能帮我的忙。"

这位热心人立刻掏出名片，要企业家明天到他的办公室去一趟。

第二天，企业家依约前往，这位热心人说："走，我带你去一个地方。"企业家不知道他葫芦里卖的是什么药。热心人用车把企业家带到荒郊野地，二人下了车，热心人指着前面的坟场对企业家说："你看看吧，只有躺在这里的人才统统是没有问题的。"

企业家恍然大悟，记住了这样一句话：只要有问题，就有存活的希望。只要敢于正视、解决问题，就可以前进。

建议被成堆问题困扰的管理者，不要将种种的苦恼压在心里，走出去找个好友，去向他倾诉一下，或在父母家人面前求得开导或指引。有时某些问题可以随着时间的流逝而自动消失，有时可以靠个人的智慧和定力去把它化解。当长期的苦闷困惑无法化解时，找个佛家清静之地静思几天，让心与佛交流以求得心的平静，一切问题也许就有办法解决了。

👤 导师寄语

心宁则智生，智生而事成。

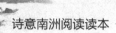

鲶鱼的故事

日本有个流传广泛的故事，渔民驾船出海捕鳗鱼，因为船小，靠岸时鳗鱼几乎都死光了。只有一个渔民，他的鱼回来都是活蹦乱跳的。但是他的捕鱼装备却和别人没有任何不同，其中有什么奥秘呢？在弥留之际，渔民把这个秘密告诉了他的儿子：在盛鳗鱼的船舱中放入一些鲶鱼。这两种鱼生性好斗，在求生欲望强烈的战斗中，鳗鱼由此而存活。这是说：在竞争和挑战中，生命的潜能完成了苏醒。

导师寄语

如何一个人总是处于安逸的环境中，在没有新意的生活中消耗生命，就会像鳗鱼一样失去斗志和进取之心。想让自己避免重蹈鳗鱼的覆辙，我们就要培养居安思危的意识。

选择自然

世界建筑大师格罗培斯设计的迪士尼乐园马上就要对外开放了，然而各景点之间的路该怎么连接还没有具体方案。格罗培斯心里十分焦躁。巴黎的庆典一结束，他就让司机驾车带他去地中海海滨。

汽车在法国南部的乡间公路上奔驰，这里漫山遍野都是当地农民的葡萄园。当他们的车子拐入一个小山谷时，发现那儿停着许多车子。原来这是一个无人看守的葡萄园，你只要在路边的箱子里投入5法郎，就可以摘一篮葡萄上路。据说，这是当地一位老太太的葡萄园，她因无力料理而想出这个办法。谁知在这绵延上百里的葡萄产区，总是她的葡萄最先卖完。这种给人自由、任其选择的做法使大师深受启发。

回到住地，他给施工部拍了一份电报："撒上草种，提前开放。"

迪士尼乐园提前开放的半年里，草地被踩出了许多条小道，这些踩出来的小道有宽有窄、优雅自然。第二年，格罗培斯让人按这些踩出来的痕迹铺设了人行道。1971年在伦敦国际园林建筑艺术研讨会上，迪士尼乐园的路径设计被评为世界最佳设计。

导师寄语

在这个世界上，不知道该怎么办的时候，选择顺其自然也许是最佳的选择。同样地，人在生活中无所适从的时候，选择顺其本性也许不失为聪明之举。

损耗巨资的连字号

1962年7月22日，一枚被命名为"水手1号"的火箭，在飞往金星的途中，突然偏离预定的轨道，凌空爆炸。随即进行的调查表明，这次事故的原因是在控制火箭飞行的电脑程序中省略了一个连字号"—"。只是因为缺少了这么一个小小的标点符号，美国国民损失了1.85亿美元。

导师寄语

中国人说，千里长堤，溃于蚁穴。所以人们要善于重视每一件小事，否则就会因小失大。

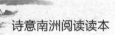

项橐（tuó）难孔子

　　孔子乘着一辆马车周游列国。一天，他来到一个地方，见有个孩子用泥土围了一座城，坐在里面玩耍。

　　"你看见马车过来为什么不躲开呀？"孔子问孩子。

　　"自古到今，只有车子躲开城，哪有城躲车子的道理？"

　　孔子愣了一下，走下马车，问道："你叫什么名字啊？"

　　"我叫项橐。"

　　"你的嘴很厉害，我想考考你什么山上没有石头？什么水里没有鱼儿？什么车没有轮子？……"

　　"您老人家听着，土山上没有石头，井水中没有鱼儿，用人抬的轿子没有轮子。"孔子一连提了十几个问题，都难不住孩子。

　　"现在轮到我来考您了，鹅和鸭为什么能浮在水面上？鸿雁和仙鹤为什么善于鸣叫？……"

　　"鹅和鸭能浮在水面上，是因为脚是方的；鸿雁和仙鹤善于鸣叫，是因为它们的脖子长……"

　　"不对！鱼鳖能浮在水面上，难道也是因为它们的脚是方的吗？青蛙善于鸣叫，它们的脖子长吗？……"

　　孔子佩服这孩子知识渊博，连自己也辩不过他，只好拱手连声说："后生可畏！后生可畏！"说完，孔子就驾着车绕道走了。

　　导师寄语

　　尺有所短，寸有所长。即使是圣人，也有短处。但圣人一旦知道自己特长所在，便善加运用，使其掩盖了自己的短处。

功　与　过

　　希罗多德的《历史》一书中记载了这样一则故事：波斯国王克谢尔克谢斯远征希腊回国，航行海上，遭遇风暴，因随从人员过多，有覆船的危险。于是，他按舵手的提议，让一部分波斯人自愿跳海，以减轻船载。克谢尔克谢斯踏上陆地后，便因舵手的救命之恩而赐他一顶黄金冠，又因为这个舵手的建议使许多波斯人命丧大海而砍下了他的头。

导师寄语

　　一个人的功劳和罪过是不能相互抵偿的。功就是功，过就是过。

藏王的使者

　　唐朝时，西藏有个藏王叫松赞干布，他派了大臣东赞到内地去求婚。内地有个文成公主，既漂亮，又能干。印度、波斯等好多国家都派使臣去求婚。

　　唐朝皇帝决定让求婚的使臣们比赛智慧，说："哪个最聪明，就把公主许配到他们那里去。"第一次，皇帝叫人牵来一百匹马驹和一百匹母马，让使臣们分出哪匹马驹是哪匹母马生的。别的使臣便把毛色相同的马驹和母马分在一起，结果弄错了。东赞却用了不同的方法。他把马驹同母马分开关起来，隔了一夜，才把母马一匹一匹地放到马驹中去。马驹见到自己的妈妈来了，急忙扑上去吃奶。就这么一匹匹地放，一匹匹地找，不一会儿全分出来了。第二次，皇帝叫人扛来一根两头削得一样大小、一样光滑的檀香木棍。皇帝问使臣们："哪一头是根，哪一头是梢？"别的使臣们你望望我，我望望你，谁也答不出来。只有东赞跑了出来，他把一根绳子挂在木棍的中央，然后把它放在花园的池塘里。东赞指着水中的木棍说："那下沉的一头是根，浮着的一头是梢。"说得皇帝连连点头。最后，皇帝叫人拿来一块玉石，要使臣们把玉石上的一个洞眼用线穿过去。玉石上的洞眼很小，而且里面的孔道是弯弯曲曲的。使臣们一个个试着用线去穿，怎么也穿不过去。大家都感到很为难。

东赞在一边看着，动着脑筋。忽然，他见到地上有只蚂蚁在爬，心里想出了一个主意。他把丝线拴在蚂蚁的腰上，然后把蚂蚁放到玉石的洞眼上去，在洞眼的这一头慢慢吹气，又在那一头放了一些蜜糖。蚂蚁则扭动着腰肢，努力地向前面爬去。就这样，丝线穿过了玉石洞眼。

皇帝见三道难题全让东赞解了，心想："一个使臣都这么聪明能干，那藏王一定更加聪明能干。"于是，皇帝答应让文成公主嫁到西藏去。聪明的东赞终于完成了藏王的使命。

导师寄语

培根说："知识就是力量。"学习使人充实，给人智慧；学习使人进步，给人快乐。"腹有诗书气自华。"

培养多元思维

那次，电台请了一位商界奇才做嘉宾主持，我非常希望能听他谈谈成功之道，以对自己的发展有所帮助。

但他只是淡淡一笑，说："还是出一道题考考你们吧。"

"某地发现了一处金矿，于是人们一窝蜂地拥去开采。然而，一条大河挡住了必经之道，如果是你，你会怎么办？"

"绕道走，就是费点时间。"有人说。

"干脆游过去。"

…………

但是他却含笑不语，等人们议论过后，他开口了："为什么非得去淘金？为什么不可以买一条船开展营运？"

全场愕然。

他说："在那样的情况下，你就是宰得渡客只剩下一条短裤，他们也会心甘情愿，因为前面有金矿啊！"

👤 导师寄语

困境在智者眼中往往意味着一个潜在的机遇，只是我们不曾想起。干他人不想干的，做他人不曾想的，这就是成功之道。

诚实的欺骗

很久以前，泰国有个人名叫奈哈松，迷恋黄金胜于一切。他把全部钱财、精力和时间，都倾注在探索炼金的试验中，不久以后，他花光了自己和妻子的全部积蓄。

家中一贫如洗，都揭不开锅了，妻子无奈，跑到父亲那里诉苦。她父亲决定帮女婿改掉陋习，便让奈哈松前来相见，并对他说："我早已掌握了炼金术的秘密，并备齐了炼金所需的物品，现在只缺少一样东西，但我年事已高，怕是心有余而力不足了……"

奈哈松急切地说："快告诉我，该怎么办？"

"那好吧，我可以让你知道这个秘密，我需要3公斤从香蕉叶下搜集起来的白色绒毛。这些树叶必须是你自己种的香蕉树上的。等到收齐绒毛后，我自有办法炼金。"

奈哈松马上回家栽种香蕉树。当香蕉成熟时，他小心翼翼地从每张叶子下面收刮白色绒毛。而妻子儿女就抬着一串串香蕉到市场上去卖。

十年过去了，奈哈松终于收集到3公斤的白绒毛。他把白绒毛珍藏在一个大坛子里。这一天，他喜气洋洋地将坛子送到岳父家里，心想这下可就能炼出金

子了。

岳父说："现在，你把那边的门打开看一看。"

奈哈松打开那扇门，立即看见满屋金灿灿的，令他眼花缭乱，定神一看，原来全是金子。他的妻子儿女都站在屋中。妻子告诉他，这些金子是她与孩子们10年卖香蕉挣出来的。奈哈松恍然大悟：辛勤的劳动，才是真正的炼金术啊！

导师寄语

一分耕耘，一分收获。勤奋是成功的前提，不付出辛苦，哪来成功的喜悦？勤奋是快乐的源泉，世上一切荣誉都出自勤奋。

机会可遇而不可求

从前有一个老人，生活非常困苦。

有人问他："你的境遇为什么这样不好？"

老人回答："这是机会不好！我活了这么多年，从没有碰到一次好机会。我年轻时是学文的，而且学得很好，可是那时候社会上都尊敬老年人、轻视年轻人，年轻人即使有好学问也不会被人看重。"

"因为我是年轻人，只得跟着倒霉。过了许多年，社会上又掀起了'尚武'的风气，于是我又去学武，等我学成了，我也老了。那时社会风气恰巧又变为重视年轻人、不用老年人了。老年人即使有武艺，也不受人们重视。我这样碰来碰去，就从来没有碰到好机会。"

导师寄语

良机对于懒惰者没有什么用，但勤劳可以使最平常的机会变为良机，爱碰机会的人，结果往往会扑空。

成功的真谛

有人问一位智者："请问，怎样才能成功呢？"

智者笑笑，递给他一颗花生："用力捏捏它。"

那人用力一捏，花生壳碎了，只留下花生仁。

"再搓搓它。"智者说。

那人又照着做了，红色的皮被搓掉了，只留下白白的果实。"再用手捏它。"智者说。

那人用力捏着，却怎么也没法把它毁坏。

"再用手搓搓它。"智者说。

当然，什么也搓不下来。

"虽然屡遭挫折，却有一颗坚强的、百折不挠的心，这就是成功的秘密。"智者说。

👤 导师寄语

凡是成功者都有一颗百折不挠、勇于进取的恒心，这是一切成功之源。

附：

中年级学生推荐阅读书目

一、必读书目

1.《活了100万次的猫》（绘本）［日本］佐野洋子著 唐亚明译 北京：接力出版社

2.《月亮不见了》（绘本）灌木互娱著 七彩童年编 北京：天地出版社

3.《夏洛的网》［美国］E.B.怀特 任溶溶译 上海：上海译文出版社

4.《时代广场的蟋蟀》［美国］乔治·塞尔登著 北京：二十一世纪出版社

5.《长袜子皮皮》［瑞典］林格伦著 北京：中国少年儿童出版社

6.《爱的教育》［意大利］阿米琪斯著 江苏：南京出版社

7.《犟龟》［德国］米切尔·恩德著 北京：二十一世纪出版社

二、选读书目

1.《笨狼的故事》汤素兰著 杭州：浙江少年儿童出版社

2.《足球大侠》张之路著 杭州：浙江少年儿童出版社

3.《狐狸小学的插班生》北董著 沈阳：春风文艺出版社

4.《小巴掌童话》张秋生著 上海：中国福利会出版社

5.《蓝鲸的眼睛》冰波著 上海：中国福利会出版社

6.《女巫》［英国］罗尔德·达尔著 任溶溶译 北京：明天出版社

7.《魔法师的帽子》［芬兰］托芙·扬松著 任溶溶译 北京：明天出版社

8.《帅狗杜明尼克》［美国］威廉·史代格著 赵永芬译 天津：新蕾出版社

9.《文身狗》［德国］保罗·马尔著 陈俊译 北京：二十一世纪出版社

10.《大盗贼》［德国］奥得弗雷德·普鲁士勒著 陈俊译 北京：二十一世纪出版社

11.《了不起的狐狸爸爸》［英国］罗尔德·达尔著 北京：明天出版社

12.《中国童话》黄蓓佳著 南京：江苏少年儿童出版社

13.《西顿野生动物故事集》［加拿大］西顿著 蒲隆等译 南京：译林出版社

14.《大林和小林》张天翼著 乌鲁木齐：新疆青少年出版社

第三辑

一本好书 一个世界

（好书篇）

（学生读本·高年级版）

本辑编辑：罗艳辉、彭 青

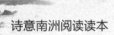
《一千零一夜》

　　我们应该庆幸自己生活在一个有无数优秀童话已经诞生的时代。不过即使如此，古老的《一千零一夜》仍然是一部值得我们再三捧读的、绝妙无比的童话传奇。对作家来说，《一千零一夜》仿佛是想象力的故乡。回到那个地方，我们就会浮想联翩，回忆起童年时的奇特幻想……

　　《阿里巴巴与四十大盗》《渔夫与魔鬼》《阿拉丁与神灯》《辛伯达航海旅行记》……啊，我们不知道已经多少次听到和看到这些故事，不知道还会有多少人在未来继续看到和听到它们。

　　瑰丽的幻想和神奇的力量像永不干涸的泉水一般，流淌在这部阿拉伯先民共同创作的童话传奇里。

《五张金券》

[美国] 罗·多尔　著

　　五个孩子一起去参观世界上最大的巧克力工厂。有多大呢？嗯，巧克力像河一样流淌，想想有多大吧！仅这么一件事，就写成了这部妙不可言的童话。我要说，文学家的想象力真的像面团一样，可圆可长、可硬可软。

　　如果把精彩的情节讲了出来，到你读的时候，就要埋怨我多事了。可是，我不摘录一个精彩的段落，你又会嫌我没有根据地乱讲。

然而，他什么也没听见。他直挺挺地趴在地上，把头伸进河里，像只饿狗，贪婪地喝着巧克力。

"奥古斯塔！"格鲁普太太在大声叫喊，"别叫全国一百万人恶心啦！"

"小心点，奥古斯塔！"格鲁普先生大声喊，"你的身子探出去太远了！"

格鲁普先生说得完全对，突然传来一声惨叫，紧接着扑通一声，奥古斯塔·格鲁普掉进大河，一秒钟之后，他就从棕色的河面上消失得无影无踪。

为什么是"棕色的河面"？因为这是纯巧克力溶液的河啊！接下来一大段写大家营救这个快被巧克力淹死的贪吃的孩子，他父亲穿了新衣服不肯下河救人，他母亲尖叫着说出很多绝望又可笑的话。其余几个孩子则眼尖地进行"实况转播"。

整个场面滑稽、热闹、好玩，整个故事也就在这种气氛里一环套着一环地进行。用对话创造的场面非常清晰、非常生动，尤其是人物很多的场面，而这种艺术手法确实是经济又实惠，特别适合拍电影。

《费里斯比夫人和尼姆的老鼠》

[美国] 罗伯特·奥布赖恩　著

"费里斯比夫人"其实是一只田鼠，而"尼姆的老鼠"则是一群具有人类智慧的老鼠。所以，这个童话有着浓厚的科幻色彩，从童话的发展来看，这是一条越来越繁华的道路。

尼姆的老鼠不仅把农场的电线接进地洞，而且还接进了自来水，装上了电话，有电冰箱和电风扇。闲暇的时候，他们还喜欢读书、听音乐，他们因此感受到道德意识觉醒后的心灵负担，这负担让他们吃不好、睡不香，于是他们决定从农场迁移到森林中去，告别靠偷窃生活的日子，去创造全新的、自食其力的新生活。

美国童话作家对老鼠形象的塑造是非常成功的。《蟋蟀历险记》里的塔克，《会骑摩托车的老鼠》里的拉尔夫，再加上这一部童话里最后为了集体而牺牲的贾斯庭，一个比一个丰富、生动。《夏洛的网》里的谈波顿是个落后分子，但E.B.怀特还写过《小老鼠斯图亚特》，那个由人类母亲生下来的小鼠人简直可爱到出人意料的程度。

《纳尼亚王国奇遇记》

[英国] C.S.刘易斯 著

有一次，我跟朋友一块看影碟，放的是一部英国的原版片。我的英语不是特别好，所以很费力才弄明白片中人物说了些什么。里面那个有点秃顶的男主人公跟朋友聊天时居然表演了起来，他左一把右一把摸索着前进的样子，极好笑，又有神秘感。然后我听懂了"衣橱"和"厚重的皮大衣"等几个单词，我突然明白过来，主人公是刘易斯啊。

他是个研究英国古代文学的学者，可是又写科幻小说还有童话。第一次读《魔椅》的时候——对不起，《魔椅》就是《纳尼亚王国奇遇记》的第四部，我有点恶作剧地想，也许老先生研究古代文学太枯燥了，他想，嗯，为什么不写一部童话放松一下呢？要知道，很多发明创造都是从游戏里产生出来的。后来我才知道，我这么猜想不对。作者从1950年开始，一年写一部，到1956年，一共写了7部系列童话——《纳尼亚王国奇遇记》。

细节我不多说了，只想告诉你们一点，请多留意一下每一部的开头吧，从现实到魔幻世界的转变，在作者笔下显得多么自然，又是多么轻快、活泼啊！

上海译文出版社已经出版这7部书的合订本，作家在扉页献词上说：

亲爱的露茜：我为你写了这个故事，可是我写的时候并没认识到女孩子长得快，书写得慢……等到这本书印刷装订好，你将更大了。不过，总有一天，你会老得重新开始看童话。那时你可以将书从顶层书架上取下来，掸去灰尘，把你的想法告诉我……

　　"老得重新开始看童话！"不说永远保持童心，不说所写的童话老少皆宜，不说自信总有人会去读它，但作家说得多么可爱，多么好玩！

《波珀先生的企鹅》

[美国] 理查德·阿特沃特　弗洛伦斯·阿特沃特　合著

　　这是一本很薄很薄的小书。它不足5万字。好玩的是，这又是一部为女儿创作的童话。作家夫妇的女儿不喜欢看历史书，于是，他们就合写了这部童话。波珀先生本是个好幻想的油漆工，他得到南极考察队赠送的一只企鹅，后来，又为这只企鹅找了一个妻子，再后来，这对企鹅夫妇又有了10只小企鹅。第12章叫作"又多了几张嘴"，非常滑稽、生动，不是吗？

　　整个故事用一种充满温情而带善意嘲讽的语气来讲述，似乎作家夫妇讲故事时他们的女儿发出的笑声还可以清晰地听到。这是美国作家为儿童写作的鲜明特点。他们爱儿童，懂得儿童，最重要的是，与儿童做平等、真挚的朋友。

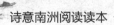

《驼背矮人历险记》

[法国] 奥克塔夫·费耶　著

　　弄不清这本书是什么时代的作品。故事开头写驼背老人奇特的出生，结尾时他被关在监狱里，最后却骑着黑猫的尾巴从烟囱里逃跑了。除了这两个情节像童话常用的手法外，通篇故事更像是聪明人嘲弄蠢国王的民间故事。

　　一个接着一个的难题的解决也正是民间故事最常用的技巧，如逼大臣赶驴子上楼梯当众出丑，用镜子打败十万侵略军，在鸽子腿上绑着钓鱼钩吊起院士们的假发引得公主发笑，装扮成鼠疫病人吓走了土耳其海盗，用一根大铁杆串起20个海盗等。情节大多是想当然的，带着一股子粗俗的天真和恶作剧的快意。

　　这个故事里有一段驼背矮人与船长的对话，船长嘲笑逃命的驼背矮人是美男子，说法国公主肯定会喜欢他。驼背矮人回答说："我到法国去不是图这个，而是因为那里的人认为嘲弄别人身体的缺陷是卑鄙无耻的。"这话里的敏捷、机智让人想起《晏子使楚》的故事来，或许每个民族的智慧都有不约而同的创造。

《兽医多立德的冒险故事》

[英国] 休·约·罗玎　著

　　有的童话只是好看，而有的童话除了好看还好讲——可以绘声绘色、眉飞色舞地讲给别人听。翻译家陈伯吹曾转引高尔基的话说："我确信向孩子说话必须'让人发笑'。"

　　这一直是让我非常惊奇的一件事：小孩子无论大小，全都喜欢听笑话。我猜正是由于孩子们喜欢，童话作家的故事才会写得幽默、风趣、逗人快乐的吧。

　　多立德医生本来是给人治病的医生，可他也十分喜欢动物。自打他收留下一条鳄鱼，病人就不敢上门了。而且更麻烦的是，医生的妹妹本来是他的管家，她发现自己还不如一条鳄鱼有分量，一气之下就嫁人了。于是动物们只好帮医生的忙，猴子管缝纫和伙食，狗用尾巴扫地，猫头鹰管账，小猪整理花园，鹦鹉则担任管家，因为它年纪最大，在182～183岁。

　　多立德医生和动物们安宁幸福的生活很快被燕子从非洲带来的坏消息打破了。多立德医生借到一条船，带领动物们出发去非洲。他们经历了很多奇奇怪怪的事，治好了动物们的流行病。在书的结尾，他们又回到了故乡。

　　当冷天又来的时候，雪花打在厨房的窗上，医生和他的动物们在吃过晚饭后，围坐在又大又暖的火炉旁边，他大声地把自己写的书读给它们听。

　　对，就像爸爸或妈妈从前念书给被窝里的你听一样，你还记得吧？

《奥茨国的故事》

[美国]弗朗克·鲍姆　著

　　系列童话故事里，除了《纳尼亚王国奇遇记》之外，就数《绿野仙踪》最好看了。它有14部，原来的名字都跟虚构的奥茨国有联系。20世纪50年代，我国儿童文学界的老前辈陈伯吹先生翻译了这套系列童话的第一部，译名用了一个富有中国味的名字——《绿野仙踪》。这个名字一直沿用到现在。上海译文出版社陆续出版了全部的14部，用的总名是《绿野仙踪》系列童话。

　　现在我要说实话，系列童话并不是每一部都好看，这就像同一块地里的凉薯并不都一样清甜。第一部想象力刚刚发芽，一切都新鲜可爱；第二部在读者的欢迎下写成，也容易做到认真细致、别开生面；到了后面，虽然有的故事还

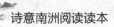

能够突放异彩，但多半容易顺流而下，想到哪里就写到哪里了。

在这14部里面，除了《奥茨国的故事》之外，我想推荐第6部《奥茨国的翡翠城》、第9部《奥茨国的稻草人》和第12部《奥茨国的铁皮樵夫》。这4本应该说非常好看，大概相当于甘蔗靠根的那几节吧。

《会搔耳朵的猫》

[法国] 马塞尔·艾梅　著

农场里住着一家子，一家人里面的孩子是一对形影不离的小姐妹——德尔菲纳和玛丽纳特。要说两个小女孩也够调皮的，她们让鸭子和狗替她们去摘豆角，割苜蓿的事则请自告奋勇的猪去做，而小姐妹自己去画画。结果，天啊，他们把驴子画成一个狗头，结果驴子大发牢骚，走掉了。接着她们又去画牛，把牛又给气走了。再去画公鸡和马，偏偏把公鸡画得比马大，公鸡倒挺满意，但马就大大地生气了。

这一切还不算完：该干活了，驴子只有画出来的两条腿；牛因为小姐妹说画不出来，干脆就没有身子；而马呢，小得出奇，比公鸡还小，像只小兔子。幸亏兽医来了，知道家畜们得的是"颜料病"，被人画错的结果。最后，费了好大的劲，小姐妹俩把动物们重新画了一遍，它们的"怪病"才总算治好了。

以上是书里的第一个故事。第二个故事就是"会搔耳朵的猫"了。这只猫只要一搔耳朵，天就会下雨，好像下雨的开关在它耳朵上一样。

不过，我不准备细讲了，为什么呢？这个故事一开头，说到两个小姑娘在家里做游戏，一不小心，把祖传的瓷盘打碎了。小姐妹怕挨打，商量把碎瓷片悄悄扔掉。怎么跟我小时候犯的错一样？第三个故事是"值得重做的习题"，恰好又跟我小时候出过的洋相相差无几，唉，弄得我不好意思再往下介绍这本童话了。

《假话国历险记》

[意大利] 罗大里　著

　　罗大里是意大利著名的童话作家，《假话国历险记》是他最负盛名的童话作品。

　　有一种跟童话很相似的作品，那里面，鸟儿、昆虫，甚至石头、蔬菜都能说话，但故事的后面总藏着一个道理，这种作品叫寓言。

　　《假话国历险记》如果只是很短的故事，那就成寓言了。就算写得像现在这样长，里头的故事这么曲折、惊险，仍可以说它是长篇寓言。当然要这么说的话，《格列佛游记》和《狐狸列那的故事》就都不能叫童话了。

　　不过，分类学不关我们的事，我们只要觉得故事好看就行了。想想看，我们旅游到了一个国家，那里"海盗"的意思是"好人"，"面包"的意思是"墨水"，看到的报纸叫《模范假话报》，除了叫人生气之外，是不是也蛮好玩的？

　　书里的主人公叫"小茉莉"，她爱唱歌，有的歌词挺逗乐的：

萨拉曼卡三位有学问的人，

坐张长凳去航行，

他们要不马上沉水底，

环游世界没问题。

……　……

萨拉戈萨三位有学问的人，

坐个木盆去航行。

木盆要是一直浮水面，

这故事就不会完。

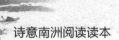

《屋顶上的小飞人》

［瑞典］阿·林格伦　著

　　《屋顶上的小飞人》是《小飞人三部曲》的第一部，作者是瑞典作家林格伦。我们只有读完了三部曲，才会感叹，怎么只有三部呀！

　　哥哥有名字，姐姐也有名字，老三却没有名字，大家叫他小家伙。故事开头还强调"他是个顶普通的小家伙"。

　　可是每个孩子心里都有着独属他一个人的奇妙的想象世界。这个世界无奇不有，热闹非凡。

　　幸运的小家伙的故事极为动人、奇妙、美好，都是关于他那个朋友——屋顶上的小飞人（实际上是一个"天字第一号的捣蛋大王"）。每一个故事可以说都是卡尔松（小飞人的名字）最疯狂、最大胆的闯祸表演。他既会吹牛，又会躲懒，既贪吃又小心眼，既耍赖又脾气坏。唉，除了愿意当小家伙的朋友这一点之外，小飞人简直就是一堆缺点做成的一个小精怪。

　　事实上他正是一个小精怪，他一个人住在屋顶上，靠着背上的小螺旋桨飞来飞去。我不知道你放下书以后会不会想，为什么只有书里的"小家伙"可以认识卡尔松？

　　不，不是这样，现在，卡尔松的故事已经有40多种文字了，我们能够认识书上的小飞人，已经够好、够幸运了。

《哑巴天鹅的故事》

〔美国〕E.B.怀特　著

如果说爱读童话的人，不论是孩子还是大人，总是容易感受到快乐，那么读过怀特的童话以后，你会体会出童话艺术可以达到一种怎样的美和幸福的境界。没错，极度愉悦完美的感受油然而生，这是幸福！

《哑巴天鹅的故事》跟他的另外两部作品一样，一开始总是烦恼降临，挫折悄悄而又不容回避地出现在童话主人公的身上。故事在非常逼真的现实环境中展开，而童话人物在不知不觉中就变得可亲可爱，好像我们认识了好多年的朋友一样。

怀特的三部童话被誉为"美国童话文学的数得着的山峰"。就好比音乐要听莫扎特，戏剧要读莎士比亚，而绘画要欣赏达·芬奇一样，怀特的童话则不容错过。你10岁错过了，那么你15岁还应该找来读；你18岁还没读，那么28岁你仍应该找来读；甚至你88岁了，还可以读。在《儿童文学》杂志的封底有一行字："本刊适合9～99岁公民阅读。"

说得真好，儿童文学能达到这样标准的作品其实不多，但这是一个堂堂正正又温情脉脉的标准，一个星座一般引路的标志。

因喜欢儿童而创作这种童话的作家，值得我们永远感激。

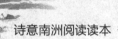

《奇怪的大鸡蛋》

[美国] 奥列佛·巴特沃斯 著

这又是一部科幻童话。一只母鸡，一个星期没有下蛋，忽然下出了一个比香瓜还要大的蛋。蛋差点被当成了早餐，后来拿去给母鸡孵的时候，母鸡在蛋上头坐都坐不稳，老是溜下来，它只好拼命拍打翅膀保持平衡，这一幕真够可笑的。

奇怪的大鸡蛋居然孵出东西来了，不是小鸡雏，而是一只灭绝了六万年的恐龙。

接下来的情节一浪高过一浪，各式各样的人物纷纷亮相，激动人心或令人开心的事层出不穷。

这个故事有个非常特殊的地方，那就是整个作品都用小主人公自述的手法写成。从表现形式上看，这种第一人称的手法在童话里十分罕见，但它在这个故事里与内容融合得恰到好处，相得益彰。合上书页，我觉得这么写作有三个好处：

第一，增加了故事的滑稽味道。你想啊，如果不是一个热爱新奇事物的孩子，怎么有可能看中一个大鸡蛋非得让母鸡把它孵出来不可呢？

第二，增加了故事的亲切感。一个学生讲的故事是绝对不可能枯燥乏味的，它以一个儿童的心理去看世界，他的话浅显易懂，而且稚拙有趣。如此一来，叙事变得亲切，文字自然就有了亲和力。

第三，展示了口语化童话的巨大潜力。以前，有《鲁滨孙漂流记》和《白鲸》等小说用第一人称写成，但很少有用第一人称写的儿童文学作品。其实最需要用口语写的作品应该是儿童文学，理由不胜枚举，可像《奇怪的大鸡蛋》这样的作品太少了。

《蓝眼睛的小咪咪》

[丹麦]埃贡·马蒂生　著

　　蓝眼睛的小咪咪，出发去找老鼠成群的国家。猫的理想，可不就是这个？他向一条鱼问路，没用，问路要问肯开口回答的人嘛。他捉到一只苍蝇充饥，又捉到一只蚊子，有总比没有强，哪怕只有一丁点！

　　他发现一个洞，洞里一双眼睛大得能吓掉他的魂儿。没关系，他保持自己的好心情，即使小青虫黏在他脸上，怎么擦也擦不掉，他那一股劲头也总不懈怠。他晚上做梦，听见了猫叫，可是黄眼珠的猫瞧不起他。他到河边照见自己，觉得自己够好，是一只真猫！尽管是两只蓝眼睛。

　　多亏跟狗打了一架，他跳到了狗背上，抓紧狗身上的毛，跑啊跑啊，跑到了一个国家，看到一大堆洞口，个个洞口有老鼠探头。小咪咪吃得又白又胖，黄眼珠的猫谢谢他。蓝眼珠，黄眼珠，其实可以是好朋友。

　　我正在介绍的书故事精彩、思想活跃、文笔风趣、韵味独具，这就是我挑出这本书的标准。我觉得读不倦、读不完，也许你读了之后，书海会把你的眼睛也染上一层蓝色。当你看大海，当你看蓝天，那湛蓝湛蓝的颜色，会映蓝你的心。

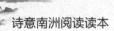

《小熊温尼·菩》

[英国] A.A.米尔恩　著

每回我看到一个小女孩柔情脉脉地做着玩具熊的小妈妈，一个男孩泥猴似的拖着一条木枪，我都不禁要蹲下，笑着问："要不要听我讲一个特别好玩的故事，是关于小熊温尼·菩的？"

故事讲完了，孩子们的反应每次都不一样，有的说温尼·菩偷蜂蜜的故事最好玩，有的说他冒充小袋鼠的故事最有意思，有的说他打猎追脚印的故事真逗，有的又说温尼·菩串门的笑话最笑人。

让我裁判呢，我要说，十个故事，个个都机智、俏皮。动物们和小男孩罗宾都是淘气又聪明的孩子，尤其是温尼·菩。他闹的笑话最多，偏偏最逗人喜欢，就连他写的诗，我也能念得孩子们笑个不止。

我忍不住要讲讲小熊温尼·菩了。有回温尼·菩想吃蜂蜜，第一次爬上树去偷，掉下来扎了一身刺，疼得要命。第二回他想了一个办法，滚了一身黑泥，吊在气球上想靠近树上的蜂巢。他问罗宾："难道我不像蓝天里的一朵小乌云吗？"当然不像。温尼·菩却安慰自己，嘿，也许从上面看不一样，蜜蜂的事情谁知道呢？他飘来飘去想尽办法，还是吃不着蜂蜜，而且，怎么下来呢？手一松，扑通，又会像上一次一样一身刺，多疼呀。恰好罗宾带了枪，温尼·菩想，一枪把气球打漏，不就降下来了？罗宾同意，开了一枪。温尼·菩叫一声"噢！"罗宾说："我没打中吗？"温尼·菩说："你打是打中了，只是没有打中气球。"

你们看看书里的插图，就知道打中温尼·菩的什么地方了。

《木偶奇遇记》

［意大利］科罗狄 著

木头人匹诺曹是很多国家的小朋友都喜欢的一个童话人物。在他还是一块木头的时候，就已经会发表很有感情色彩的意见了。那是在木匠雕刻他的时候，他细声细气地抗议："哎哟，别砍得这么厉害啊！"木匠吓得目瞪口呆。当他明白过来，他就把木头变成了匹诺曹，而不是开头想做的一只桌子脚。

所以要牢牢记住啊，会发表自己的意见，尤其是充满感情地说出口来，木头都可以由桌子脚变成小学生，说话该是多么重要的事情呀。

可惜呢，匹诺曹是个木头脑子，所以他又笨又调皮，到处闯祸，还跟坏家伙玩在一块儿，若不是遇上仙女搭救，老早就死掉了。

怪有意思的是，匹诺曹如果说谎骗人，他的鼻子就会变长，再说谎再变长，直到长得像根拐杖，转身都不行。

如果读这本书的孩子不小心也传染上这种怪毛病，那就要小心了。本来人家正好好地听你在说些什么，忽然问："你的鼻子怎么回事？"你会当场摸一摸马上认错，还是留着回家照镜子，看看清楚再说呢？

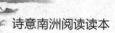

《夏洛的网》

［美国］E.B.怀特　著

　　E.B.怀特是个了不起的文学家。除了童话之外，他的散文也写得特别棒。他几乎一生都在牧场生活，《夏洛的网》这本童话中，就有不少牧场的气息和风景。等你读完这本书，我想你对很多动物甚至小虫子都会生出一股子兴趣：原来所有的生命都有一个好听的故事等着人来写呀！

　　一个小女孩救了一只小猪崽的命，这个小猪崽叫威伯。威伯长大了，眼看要被卖掉挨宰然后做成香肠什么的，他很害怕。于是他请朋友帮忙救他，他的个子小小的朋友夏洛救了他。

　　怎么救的呢？夏洛是一只蜘蛛，她在蜘蛛网上编出了两个字"好猪"。人们发现后感到惊奇，威伯因此活下来了，还有幸参加了一个乡村集会，并在名猪比赛中得了奖牌，大大出了一番风头。

　　如果在你不认识字的时候，爸爸或妈妈就跟你讲过这故事，我敢打赌如果你自己再去读，一定又会感受到新的趣味，哪怕是故事里最讨厌的老鼠谈波顿，你放下书很久了也还是能记得他。

　　这是什么缘故呢？

　　因为怀特的笔带着一种温和的慈爱之情，朴实又简洁，幽默又温婉。他的作品越读到后面，越能使我们感到生活是多么美好。当夏洛的孩子们一个接一个向威伯告别，飘向辽阔的世界时，我们心里是否也像是在向童年的幻梦说再见，有一种甜甜的忧伤？

《长袜子皮皮》

〔瑞典〕阿·林格伦 著

长袜子皮皮是每个儿童都想做的那种野孩子，除了她的满脸雀斑之外，人人都想有她的大力气、好脾气和没人管。

你有什么委屈，不妨悄悄去跟皮皮商量，她肯定有很多很多怪招，会一五一十地告诉你听。即使你不敢照着做，她也绝对不会生气，长袜子皮皮不是没有是非的冒失鬼，她在书里是孩子们的好朋友，我相信她在你心里也是。

写这本书的女作家现在已经是头发花白的老奶奶了，她的名字叫阿·林格伦。

《爱丽斯漫游奇境记》

[英国] 刘易斯·卡罗尔　著

　　作者本来是个数学家，他很喜欢朋友的小女儿爱丽斯，常带她们姐妹到河里划船，小姑娘想听故事，他就开始讲了。

　　一开头说有个穿礼服的兔子，从马甲口袋里掏出怀表一看时间，嘴里就大惊小怪起来："哎，天哪，天哪，我要迟到了。"故事里边也有个叫爱丽斯的小姑娘，一看太有意思了，跟着兔子就追。追到一个洞前面，兔子一下就钻了进去，小姑娘正担心自己进不去，不料也一下子掉了进去。掉啊掉啊，一直往下掉，爱丽斯想，也许会掉到地球那一边去？嗯，那可是脑袋朝下，脚朝上走路的地方呀！试想，小时候我们不都是这么傻想来着？

　　接着看下去，好玩儿的事更多了。爱丽斯变小了，小到可以在眼泪流成的池子里游泳，那眼泪还是她自己流的哩。

　　不光小孩子喜欢看这本童话故事书，大人们甚至当时的英国女王也特别爱看。过了几年，作家又写了一部童话，还是爱丽斯做主角，叫《镜中奇遇记》。两本书同样幽默、夸张，直到今天，英国人讲话还经常用这两部书里的人物和事情做比较，就好像平常我们看到哪个小姑娘爱哭，就笑她像个林黛玉一样。

《小鹿斑贝》

［奥地利］费里克斯·萨尔登 著

现在，保护自然、爱护野生动物已经成为人们的共识。读到这本以动物——主要是以小鹿斑贝和她妈妈以及她们的朋友兔子、野鸭、松鼠为主角的作品以后，我们仿佛也生活在他们中间，感受到他们的信任和亲热。我们会切身体会到，如果和动物做朋友，我们能发现多少美好，能享受多少乐趣啊！

我们看看书中对兔子和松鼠的两小段描写：

这时，野兔用两只又大又圆的眼睛继续打量着斑贝。他的鼻子和长着漂亮的连鬓胡子的嘴不断翕动着，活像一个人不愿把喷嚏打出来而猛烈地抽动着嘴唇似的，斑贝忍不住笑起来。

谈话中间，松鼠总是在平滑的树干上遛上遛下，一点也不费劲。有时他笔直地坐在摇晃的树枝上，潇洒地竖起屁股后面那条毛茸茸的大尾巴，舒适地平衡着自己的身体，露出雪白的胸脯，优雅地握起小小的前爪，放在自己胸前，一会儿这样点点头，一会儿那样点点头。

《嫫嫫》

［德国］米夏埃尔·爱恩德 著

每个人都会碰到故事里的灰先生。

嫫嫫是个小女孩，她第一次碰到灰先生就知道了他们的底细，而且不喜欢

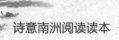

他们。但并不是每个人都会有这么好的运气，很多人也许还会喜欢上灰先生，像故事里有些天真的人一样。

灰先生只住在人人忙碌得像火苗一样蹿个不停的发达社会里，那里生活节奏飞快，生活就是赚钱，赚钱的生活就老是嫌时间不够用。灰先生就是"节约时间变钱"这个公司的代理人。

越节约时间反而时间越少，为什么呢？因为人与人之间变成了物跟物的关系：漠不关心，毫无意义，生命丧失色彩，生活失去乐趣，儿童感到被遗忘，大人变得焦虑，却不知如何改变。

嬷嬷和她的朋友们都想扭转这种爱和乐趣快要冻僵的局面，因为看上去地球正在离开温暖的太阳，周围的一切正变得冰凉。

在动物们的帮助下，他们找到了时光老人。经历了一番搏斗后，嬷嬷和朋友们打败了灰先生，他们逃得无影无踪，一个也不剩。

谁也不喜欢灰先生管理的世界，可是如果你不自己保管自己的时间，灰先生就会跑出来，让你把时间交给他安排，让你的生命失去丰富和变化，变得冷冰冰的。

假如灰先生不是躲在人的脑子里，那他们也许会像冻疮一样躲在冬天的某个角落，趁你不小心，就会出现在你的脚趾或手背，甚至你的耳朵上。

《随风而来的玛丽阿姨》

[英国] 帕·林·特拉芙斯　著

这当然是一部童话故事，因为这里面很多事情不遵守"规则"，稀奇古怪的。

就像书名所说的那样，玛丽·波平斯阿姨是被风吹来的。她不但能乘风飘起，而且上楼梯能够坐在扶手上由下往上比往下溜更快。她的手指掰下来就会变成糖，而且马上又长出新手指。她还有个瓶子，能倒出四种东西，有大点的孩子爱喝的冰草莓汁、橙汁，有小点的孩子爱喝的牛奶，她给自己倒的东西更妙——糖酒。

玛丽·波平斯阿姨能创造各式各样的奇迹，不过她脾气也不小，动不动就教训人。这没关系，没有一个孩子不喜欢发疯似的玩得开心，哪怕被骂得够呛。

孩子们的父母都不明白，为什么孩子们关心的尽是些难以想象的东西。而对孩子来说，即使是梦想，也是从亲身体验、亲身经历过的生活中来的。高兴和痛苦，好奇和困惑，在他们心中都是实在又认真的事情。

书里的玛丽·波平斯阿姨说："各人有各人的童话世界。"所有的孩子都曾经在这个世界里玩耍和做梦，享受快乐和天真。

《苹果树下的飞船》

[美国] 路易斯·斯洛波金　著

有一部有名的科幻片《外星人E.T.》用十分感人的故事表现了一群美国孩子跟一个长相很怪的外星人的友谊。我现在要说的这本现代童话也是这样的故事。一个地球上的孩子埃蒂认识了一个从马提尼星来的孩子，这个外星孩子被埃蒂的姥姥叫作马丁。马丁一个人开着一艘飞船，从太阳系外面飞来地球做考察。他们认识的时候，马丁正倒立在苹果树的树枝上（穿着重力靴可以这么干），用望远镜四处打量。

除了倒立树枝让埃蒂惊奇之外，马丁的飞船也让埃蒂佩服，他们成了朋友之后，埃蒂对他就完全像对一个地球上的小伙伴了。马丁也是个精力十足的孩子，一时马虎大意，把飞船的能源接收线轴弄丢了，他们找啊找，发现山羊和鹅都是罪魁祸首。姥姥看他们老围着动物转，摇着头说："噢，可怜的孩子，连鹅和羊都没见过。"

童年的好奇心影响人的一生。埃蒂如果不是看过很多自然科学的书，他也不会那么轻易和外星人成为好朋友。他相信马丁有许多令人大吃一惊的本领，因为他了解马丁带的工具和设备。有一次我听一个孩子说，世界上任何需要的东西都已经发明完了，有电视、有电话、有飞机、有汽车……真是这样吗？埃蒂一定可以告诉你，他看到的重力靴，既能走上天花板，又能以80英里的时速运行；还有能从外星系接收能源的设备，这些好东西外星人有，但地球人还没有。

在我看来，不论有没有外星人，目前人类的超远距离通信手段还很不能满足天文探索者的需要，我们地球上也到处存在着许多神秘莫测的现象。地球上的发明，还有的是事情做啊！

《一个分成半边的子爵》

［意大利］伊塔洛·卡尔维诺　著

在这本书里，奇特的比喻贯穿始终。可以这么说，把这个充满幻想的故事叫作寓言或者童话都行。

讲故事的是子爵的侄儿。叔叔上战场，被当胸一炮劈成两半，偏偏又都被救活过来了。右边的一半先回家乡，荒唐残忍，把所有遇见的东西都要劈开，变成他的模样。大家把这一半叫"邪恶"。

故事过大半的时候，左边的一半也回来了，这半边人好得让人不敢相信，但这是真的，大家就叫他"善良"。

"邪恶"和"善良"两半人同时都喜欢上一个姑娘，经过一番波折，他们只好按习惯决斗。决斗中他们互相劈中一剑，医生为救他们，又把两半人缝合起来，"善良"和"邪恶"又成了一个人。

仅听听这个故事的梗概，就足以让人着迷，而文字里到处都是奇异、新颖的比喻，只有细读才能领略到。

现实生活里有些简单的真与假、好与坏，也许不难分辨，而一些复杂的事物就会让人联想到故事里的子爵。

这个特别的故事会令你深思。思考意味着你在告别童年，开始领悟道德和人性。

《格列佛游记》

［英国］斯威夫特　著

这是一本世界文学名著。大人、小孩都爱看，大人看有大人的味，小孩看有小孩的味，大家都可以从书中得到许多笑和幻想。

大人国、小人国是书中常被人提起的两段故事。大人们体会其中的讽刺，认为辛辣得要命；小孩子则喜欢奇幻的想象，觉得怪得新鲜。

我国晋代有个嵇康，他写过一篇文章，说人好像是在天地大绔（裤子）里面的跳蚤，看上去对人似乎不大尊重，可想象倒够奇特的。再往古时的传说里寻找，《山海经》里边又有夸父追赶太阳的神话。夸父走到半路，干渴而死。他的手杖扔出老远，化成一片桃树林，眼睛变成了两个湖，身体变成起伏的山峦。由此可见有关大人国、小人国的想象，东西方的人都有故事讲。其实呢，小的时候谁不喜欢盯着看蚂蚁搬家？看着看着，我们就琢磨，人如果只有这么点个儿，爬一段小小的楼梯也会像登泰山一样了不起吧？

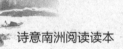

凡是世界名著都有一个特点，那就是故事里往往有几层意思。小时候看了开心的地方，青年时却发现了讽刺，而中年时又佩服作家写得深刻，老了呢？还不定会怎么想。

《格列佛游记》好像能让你一生总是去读。

《蛤蟆传奇》

〔英国〕格雷厄姆　著

说句实话，为《一本书一个世界》挑书是我最感愉快的事。因为在我该读童话的年纪没有读到这里面写到的任何一部，后来陆陆续续读到很多童话时，人已经长大了，已到了该为孩子挑童话的年纪了。我重读一些童话，发现自己从中得到的乐趣一点也不亚于读心爱的金庸作品——成年人的童话。

写得好的童话总是出自爸爸或妈妈为孩子们讲的幻想故事，若碰巧讲故事的爸爸或妈妈是位作家，他们把讲给孩子们听的故事写下来，就像《长袜子皮皮》和《蛤蟆传奇》的诞生那样，我们今天就能听到和看到这些优雅而美好的故事。

每次我给孩子们讲蛤蟆的故事，他们都乐得哈哈大笑。如果他们想更过瘾，就会逼我编出一些癞蛤蟆的新经历，跳过一些鼹鼠和田鼠的故事，如第五章"温暖的家"、第七章"黎明时的吹笛者"、第九章"流浪者"。

我总是同意，这几章的确没有更多的故事好讲，有的不过是一种议论（第五章），一种对友情的描写（第七章），一种对旅行的渴望（第九章）。我没有跟小朋友说，我曾经一次又一次地读这些温暖、亲切、如耳语般的优美文字；我也没有跟孩子们说，等你们长大后，一定会跟我一样理解和喜欢这些段落。

当天气变冷的时候，我读着它们，心就像认识路线的候鸟，向着温暖的老地方飞翔！

《彼得·潘》

［英国］詹姆斯·巴里 著

有一句成语，意思不怎么好，但是细想又挺有味儿，叫"痴人说梦"。

什么人才痴呢？脑子糊涂的病人。这当然很可怜，不过，聪明人发痴其实是挺可爱的事情。

比如说，为儿童写故事，就一定得既痴又聪明的人才写得好。光聪明，他也许不肯为儿童写故事；不发痴，他可能想写却写不好。聪明伶俐加点痴，就是童心未泯，就像鸡汤里洒上点胡椒面，故事会又鲜又有味道。

《彼得·潘》从头到尾就是一个痴人用天字第一号的妙笔写出来的童年美梦。捧起这部书，大人都不得不变成孩子，像书里到处写道："假装一下子就行了。"

如果为孩子念故事只需要大人嘴上假装自己是个孩子，像故事里这个永远长不大的孩子彼得·潘一样。

长不大的孩子永远需要妈妈，尤其是一个小姑娘假装的妈妈。于是，故事里出现了最令人怜爱的"小妈妈"温迪小姑娘。因为出现了这位照顾孩子有板有眼的小妈妈，整个故事就无处不染上一层诗意盎然的芬芳。从故事一开头温迪帮彼得·潘缝好撕掉的影子，一直到温迪长成一个大人，而彼得·潘再一次来找她，"（温迪）一动也不敢动，又尴尬又难堪，一个大女人"，这种诗意的芬芳依然没有散开消失。好像温迪有了一个名字叫简的女儿，她答应彼得·潘去做他的小妈妈，于是故事周而复始继续下去。

大概世上的小姑娘永远都爱做彼得·潘的小妈妈，而彼得·潘呢？只要世上有小姑娘，他就不肯长大，我猜就是这样。

《蟋蟀奇遇记》

［英国］乔治·塞尔登 著

我敢说，如果谁让我翻来覆去地读一本书，我就会挑上《蟋蟀奇遇记》。事实上，我已经记不清楚自己看了多少遍了。

一只蟋蟀从乡下来到纽约，结识了一个男孩、一只老鼠和一只猫，一段时间过去，因为思念家乡，蟋蟀又乘火车返回了老家。

瞧，短短几行字就能写完这本书的大致内容。可见，千万千万不要小看"一段时间过去"这句话。这句简单的话后面，是作家用浓墨重笔描写的童话幻境，是一段无比温馨、无比真挚的友情。

我曾经这么想，如果我有一位嗓音圆润、甜美的朋友，我会请她把这本书录成磁带，在我开车的时候、在我做家务的时候、在我晒太阳的时候，我会戴上耳机听它，周而复始，一遍又一遍。

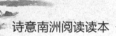
《骑摩托车的老鼠》

[美国] 拜夫里·克尔瑞　著

我们挑中《骑摩托车的老鼠》是因为——我抄几句吧：

"老鼠，"让回答，"全名是S.老鼠拉尔夫，这个S的意思是聪明。"

"我可以拿一会儿拉尔夫吗？"卡小姐问。拉尔夫发现自己被转到一只更柔软、更干净的手上。他坐起来，开始修自己的胡须。这总是一个好节目。拉尔夫看得出，让因为受到了全班的注意而非常高兴。

"哇"孩子们又惊叹起来，"瞧啊，他打扮的时候像只猫。"

"这么小的一个生命，"卡小姐又说，"真是一个小小的奇迹"。

仅仅是这一小段就足以说明这个故事的特质。对，但这个故事仍可以说是"一个小小的奇迹"。

老鼠拉尔夫表达的欢乐和悲伤与一个人类孩子没有什么两样。童话在这样的假设中成立，同时也显现了最有感染力的艺术美。

《明希豪森奇游记》

[德国] 埃·拉斯伯　著

稀奇古怪、荒唐透顶的故事不是每一个人都好意思编的，而且吹牛、讲笑话的确也需要天赋。光是把跳蚤说成猫那么大，不够把人给逗笑，要听到像下面这种故事，我们才会"扑嗤"一声笑出声来。

早上刚起床，明希豪森先生看见窗户外飞过野鸭，情急之下猎枪的发火药找不着了，他只好一拳砸在自己的眼睛上，砸得眼前金星直冒，借此点燃了火药。只听"轰"的一声，他干掉好几只鸭子。

书里所说的故事都是这股味，真是吹牛皮不犯法，一个比一个荒唐夸张。

好朋友相聚，新年守岁，绘声绘色讲上一两段明希豪森先生的故事，哄堂一笑，皆大欢喜。如果你富于想象，临时编出一两个也没关系，说不定会让这本书更好玩呢！

《狐狸列那的故事》

［法国］玛·阿希季浩　改写

以坏蛋做主角的童话故事，也许只有《狐狸列那的故事》最好看了。

狐狸列那，真不好说他。他戏弄了那么多动物，又老是那么粗野、狡猾、满口谎言、装疯卖傻，可是，唉，这个动物世界里的小骗子又是多么可爱啊！

狐狸列那所处的世界非常可怕。我们可以很清楚地想到，这里暗示的是人的世界。

列那不知恐惧为何物的乐观自信，在再强大的对手面前也不服输并且总能巧妙地战胜或逃脱的机智，以及他即使获得了狮王的信任也仍要逃离宫廷、回到熟悉的荒野中去的热爱自由的天性，使我如此喜爱他。

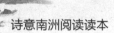

《豆蔻镇的居民和强盗》

[挪威] 托·埃格纳　著

　　豆蔻镇的旁边，住着三个强盗。豆蔻镇今天游艺会、明天音乐节，是个天天兴高采烈的镇子。三个强盗也非常奇特，他们养了一头狮子，而且，狮子还咬掉了其中一个强盗的大脚趾，不过，他们仍然养着它，为了什么呢？故事最后会告诉你。

　　三个强盗做的案子，无非是偷面包、咸肉什么的。有一回，他们绑架了苏菲姑姑，因为他们住的屋子太脏了，他们就抢来这个管家太太收拾屋子。他们怎么也没想到，爱清洁的苏菲姑姑竟逼着他们三个搞个人卫生，一天到晚唠叨个没完。强盗们后悔不迭，只好在晚上趁苏菲姑姑睡着后，又抬着她送回去了。这样的强盗当然只有在童话里才找得到。

　　而《豆蔻镇的居民和强盗》最奇特的地方还不在奇怪的强盗。它还是一本歌剧味道很浓的童话，面包师、警察、苏菲姑姑还有强盗，每个人都极有音乐天赋，任何事情都可以唱出大段大段的咏叹调。其实，三个强盗不过是三个懒鬼，一旦他们找到事做，比如一个做了消防员，一个做了面包师的帮手，还有一个养狮子的做了马戏团的驯兽员，豆蔻镇就再也没有强盗了。当然，这时候故事也就结束了。

附：

高年级学生推荐阅读书目

一、必读书目

1.《失落的一角》（绘本）［美国］谢尔·希尔弗斯坦著 陈明俊译 北京：北京联合出版公司

2.《草房子》曹文轩著北京：中国少年儿童新闻出版总社

3.《小王子》［法国］圣德克旭贝里 哈尔滨：黑龙江美术出版社

4.《哈里·波特》系列［英国］J.K.罗琳著 苏农译 北京：人民文学出版社

5.《秘密花园》［美国］弗朗西斯·霍奇森·伯内特 济南：山东美术出版社

6.《苏菲的世界》［挪威］乔斯坦·贾德 北京：作家出版社

二、选读书目

1.《风与树的歌》［日本］安房直子著 彭懿译 北京：少年儿童出版社

2.《永远讲不完的故事》［德国］米切尔·恩德著 何珊译 北京：二十一世纪出版社

3.《女儿的故事》梅子涵著 南京：江苏少年儿童出版社

4.《我能跳过水洼》［澳大利亚］艾伦·马歇尔著 黄源深、陈士龙译 北京：人民文学出版社

5.《女生贾梅》《男生贾里》秦文君著 北京：少年儿童出版社

6.《桥下一家人》［美国］纳塔丽著 王宗文译 天津：新蕾出版社

7.《小河男孩》［英国］蒂姆·鲍勒著 麦倩译 天津：新蕾出版社

8.《奥兹仙境》［美国］弗兰克·鲍姆著 张璘、潘君译 桂林：广西师范大学出版社

9.《一只狗和他的城市》常新港著 北京：接力出版社

10.《女生日记》杨红樱著 北京：作家出版社

11.《乌丢丢的奇遇》金波著 南京：江苏凤凰少年儿童出版社

12.《昆虫记》［法国］法布尔著 北京：商务印书馆

13.《城南旧事》林海音著 北京：人民文学出版社

14.《毛毛——时间窃贼和一个小女孩的不可思议的故事》［德国］米切尔·恩德著 北京：二十一世纪出版社

15.《假如给我三天光明》［美国］海伦·凯勒著 北京：开明出版社

第四辑

一个地名　一段历史

（地名篇）

本辑编辑：段静

（教师·家长读本）

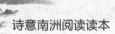

南县的来历

南县于1895年建制时，称南洲厅。1860年后，被洞庭湖淹没的华容县西乡及湘阴、沅江、岳阳、安乡交界处，在藕池河冲击泥沙淤积下逐出水面成洲，人群渐至垦复，又远豪聚党群居于乌嘴南岸，称曰南洲。后厅治迁九都，1913年撤南洲厅改设南洲县。1914年更名南县至今。

九都山的由来

九都山位于今南县南洲镇。九都山原名宋田山，因宋朝时土著垦山为田耕种得名。至明时，此地为华容第九都，故称九都山。1982年原县城关镇更名南洲镇，后九都山乡与镇合并，仍称南洲镇。境内有德昌公园，为全国33位军事家之一的段德昌烈士的故乡。段德昌于1927年冬曾在此介绍彭德怀加入中国共产党。

浪拔湖名称的传说

南县浪拔湖在县城南洲镇西北8公里处。此地明朝时已从湖水中淤积成洲，因其地形当初形似一匹奔跑的大狼，又《诗经·豳风》有"'狼跋'其胡，载其尾"，称狼跋湖。又传楚王曾携后乘舟过此，遇风浪难进，拔簪止浪，遂称浪泊湖。流传最多的一说为：南宋时岳飞征剿杨幺义军乘舟在此遇险，遂拔剑止浪，故称浪拔湖。1930年10月，贺龙在此县成立苏维埃二区政府，大批青年参加红军。"洞庭歌王"潘之美为该乡土生土长的农民歌手。

牧鹿湖的来历

南县牧鹿湖处在浪拔湖乡哑巴渡处。旧志云："岳飞渡湖在此蒙难，称穆难湖。"（因岳飞又称岳武穆）另一说是，清末石首县（现石首市）有一牧鹿场，因邻近此地，又青草茂盛，故常有人牧鹿至此，后人称此为牧鹿湖。

南洲镇的由来

　　南县南洲镇在1897年时，南洲厅治从乌嘴迁于此，1935年称九都山镇，1952年改称城关镇，1982年更名为南洲镇。"南洲"一名的由来，除了当时建厅治之地居乌嘴南岸外，又有洲起九都山之南之意，故名南洲，直到此地繁华建镇，此名更振。毛泽东1921年春夏之交来此考察国民教育，曾在县劝学所所长严世杰的陪同下与就读于县城的革命青年段德昌相会。

中鱼口的形成

　　南县中鱼口，位于南洲镇南14公里的沱江岸畔。原来清末时，此地两侧有菱角湖水流入沱江，渔民常来此捕鱼，故称鱼口。后捕鱼之处扩大，遂有上鱼口、下鱼口等之分。此地居民，便据地所处之位，称中鱼口。

游港的来历

南县游港原驻有游港乡政府，今撤乡，其地并入中鱼口乡。此地清朝时，因藕池河与疏河之间有三条小水港相通，初称流港，后聚落形成，居民渐多，居上流港与藕池河交会处，故称上流港，后雅化为游港。爱国志士、中国公学校长姚洪业于1885年随父母迁至今南县游港乡上游港，后留学日本，1906年自沉于黄浦江。遗体与民主革命家陈天华灵柩归葬长沙岳麓山，毛泽东主席曾回忆送葬二君为"惊天动地可纪的一桩事"。

三仙湖的来由

南县三仙湖镇，在县城西南24公里的沱江西岸。相传，古时有三位俏丽仙姑在此地呼风唤雨，为民驱灾除病，并五谷丰登，深受人们赞美。后仙姑上天归去，人们遂于此建庙敬奉，是谓三仙湖。又传，有三条溪水经此流入湖，后称此地为三溪湖，因民间风俗称福、禄、寿三星为三仙，故演化为三仙湖。著名作家蒋牧良曾在此兼职党委副书记，并写有大量作品。

下柴市的来历

南县下柴市镇，今属三仙湖镇，在县城西南24公里处，居藕池河中支东岸。清末时，此地有两个运输芦苇柴草的码头，称上、下柴码头，后成集市，下柴码头日渐繁华，故称下柴市。

茅草街的形成

南县茅草街镇，居县境南端，在县城西南36公里处，位于澧水、沱江和藕池河中支汇合处。民国初年，此地岸畔多建茅草之屋，20世纪20年代形成集市，因岸畔茅舍民房成街对居，故称此地为茅草街。1960年建镇，又称茅草街镇。

八百弓的来历

　　南县八百弓，居县城西南28公里之沱江东岸。相传，清光绪年间，垦民围垦丈量土地，从同仁垸至此长约800弓，故称此地为八百弓。后此地经济发达，文化兴盛，20世纪80年代时，此地成为全国先进文化单位，今并入茅草街镇。

华阁的由来

　　南县华阁，居县城东南25公里之藕池河东支南岸。清末，此地因阴雨连绵，江河洪水沿湖子口河涌入光复湖而成灾。当地农民在湖子口河西岸开挖一口，导洪水流向西南注入大通湖。此后，此地在新、老两河之间淤成一片菱形洲地，其北端似一个锐角，故人称为划角，后居民聚此，屋阁如云，形成集市，故雅化称华阁。20世纪六七十年代，为全国农业机械化的典型。邓汉民少将为华阁人。

河口的形成

南县河口，在县城东南，与大通湖区接壤。20世纪20年代，原湖子口河从河口地方南涌后，冲开一条新河，使原河西岸留下一个哑河之口。不久，湖南省湖洲管理处张贴布告，称此地为哑河埠，后人们改称此地为哑河口，并简称河口。湖南省委原委副书记、省人大常委会副主任吴向东为河口人。

明山头的来历

南县明山头在县城东南15公里藕池河东支南岸，海拔约78米。明山，取南方阳明之义，又形似麟山，"麟""明"近音，故称明山。山原有明代景泰元年出生的成化进士王俨，官至户部左侍郎，正德元年告老还乡，于麓建有"明山草堂"。宋时太学博士、诗人陈与义与高宗南渡时，避乱洞庭，过君山、泊宋田，五月初五移舟明山，写有《忆秦娥》词。南洲厅首任通判陈国仲，为山巅洞庭古庙书楹联云："八百里洞庭安在？叹沧海已非，翻装成垄稻云黄，烟村树绿；两三间古庙犹存，幸湖山无恙，独不见平沙雁落，远浦帆归。"

爱护环境 从我做起

乌嘴的由来

南县乌嘴在县城东南10公里处。昔有乌姓居此，得名乌家嘴，后简作乌嘴，清光绪二十一年（1895）南洲厅治署初建时驻此，两年后移驻九都山。

荷花嘴的形成

南县荷花嘴在县城西南9公里藕池河中支东岸。据载，清代中叶，此地多湖堰，盛植藕莲，人称荷花堰。清咸丰年间，藕池河中支形成，荷花堰淤没成河畔之嘴，故称荷花嘴。著名作家谢璞曾在此写成《珍珠赋》一文。

麻河口的来历

  南县麻河口位于县城西南16.5公里的藕池河西支左岸。此地古有麻河，发源于常德，上承羌口河，西流折转东南至麻河口入洞庭湖，故称麻河口。又因往来要津，渔民在此挂麻壕，亦称麻壕口。原国民党中央常务委员黄少谷出生于此。

北河口的由来

  南县北河口位于县城西10公里藕池河中支西岸。因地当河口，位于大垸之北得名。此地昔为安乡八景之"洞庭春涨"。元塔彦晖、明金汝皋、清王之佐皆有《洞庭春涨》诗。清张明先在此古南平村写有《南平春霁》诗："南天日日雨霁微，忽睹晴光百草晖。洼地二耘无卤莽，平田一望尽芳菲。晚风气蔼牛羊下，春水波生鲤鳜肥。妇子趁时南亩锰，草堂清昼掩柴扉。"该地南湖已出土新石器时代文物，属大溪文化晚期的遗址。

武圣宫的来历

南县武圣宫位于县城西南22.5公里淞澧洪道东岸。据传此地原有寺庙，曰武圣宫，为纪念关羽而建。又传，清末民初，此地有"烂五十弓"之名，后设邮局时雅化为武圣宫，故名。首任驻港部队司令刘镇武将军为此地人。毛泽东在中华人民共和国成立初曾寄信至南县武圣宫白蚌口表兄文家。

厂窖的形成

南县厂窖在县城西南29公里藕池河中支西岸。此地原为一深潭，又"深隈不竭，可藏鱼者，谓之窖"，后因此地形成集市，民众呼为赶场，遂演化为厂窖。抗日战争时期，日本侵略军于1943年5月上中旬在此屠杀我同胞3万余人，制造了仅次于南京大屠杀的全国第二大惨案。此地建有"厂窖惨案遇难同胞纪念碑"和"厂窖惨案纪念馆"及"警钟亭"，为湖南省爱国主义教育基地。

青树嘴的由来

南县青树嘴位于县城东南20公里处。此地原为唐代古洪沾洲，系岳州府去常德府必经之路。因洲上古庙旁有数十株大树，航船来往可见，呼为青树嘴。

曾同曾三一起闹革命，后于1929年牺牲于长沙浏阳门外的革命烈士卜息园是该地人。他曾有《感时》诗云："春来秋去耐缠绵，花落花开断复连。旧迹已凭潮洗尽，新生应共铁犹坚。笑看夸父曾追日，忍见娲娘更补天。乱世是非原未定，莫将成败论当年。"

寄山的传说

南县华阁东陲有一小山，名寄山。传说，古代八百里洞庭湖，水涨周遭，浮峙如寄，故名。又传，秦始皇修长城，有烈女孟姜女哭倒长城。秦皇按仙人点拨，执青龙鞭赶山，因一日雄鸡唱晓，神力逝去，故将山寄此，后人称此山为寄山。清陶澍泛舟至此，写下《夜泊寄山》诗云："湖傍华容迥，停舟夜杳冥。岸歌惟上月，山小不分星。楝树鸦声乱，掀涛蜃气腥。岳阳旧游处，仙笛尚遥听。"今此山为茶场。

三郎城的来历

南县南洲镇三郎城遗址，位于大郎城、丁家城境内，明万历《华容县志》载："三郎城，相传元宋湖冠所筑。"又传，宋杨幺于宋田山南端临湖之滨修筑三城堡，以作保护据点的屏障。因按三城工程大小方位而称大郎城、二郎城、三郎城，故总称为三郎城。今常有铁铸炮弹和铁铜、箭镞等兵器出土。

洗马池的传说

今洗马池为南洲镇大洲村之西的一片鱼池。《南县乡土笔记》载："洗马池，在县城南，蕞尔小池，面积约一二里。相传岳飞驻军洗马之所。后世无亭台榭之点缀，亦无诗人咏欢感怀之雅著，仅见绿杨青青，饱沃眼福而已。"民国时县内名士段毓云有《题洗马池》诗："武穆精忠事尽搜，池名洗马亦风流。绿杨芳草思遗迹，犹是千年水一沤。"

赤松亭的由来

　　赤松亭在南县县城东北隅，原是洞庭水上道观，亦称赤沙亭、赤亭。最早见于《梁书·北史》："梁简文帝大宝二年（公元551年）梁湘东王遣胡僧佑、陆法和擒侯景将任约于赤沙亭。"因亭近赤沙湖，故名赤亭、赤沙亭，后俗讹为赤松亭。此原为华容十景之一。汉建安七子之一王粲曾写诗"悠悠澹澧口，下会赤沙湖"。李白曾游洞庭，写道："日隐西赤沙，月明东城草。"杜甫游洞庭水上道观后，写有《寄韩谏议法》诗，游麓山时又写有"寺门高开洞庭野，殿脚插入赤沙湖"句。明宣德壬子举人李礵《赤亭遗址》诗云："小亭构在碧湘湄，曾见三皇旧雨师。龙虎九还遗世去，羽翰万里驾风驰。天荒涧草埋苔径，地老林花落石池。遥想洞庭明月夜，飙车重到更题诗。"

桂花园的由来

　　桂花园，在今南洲镇小荷堰村境内。宋高宗南渡时，浙江山阴进士涂淑和在华容解官还乡受阻。因见宋田山景色迷人，遂安家于此。因爱桂，便于家四周遍植桂树，后人称桂花园。今桂花无存，仅存一株千年古樟。宋陈与义曾泊此，写《泊宋田遇厉风作》："逐队避狂寇，湖中可盘嬉。泊舟宋田港，俯仰看云移。造物犹不借，颠风忽横吹。洞庭何其大，浪挟雷车驰。可怜岸上竹，翻倒不自持。老夫元耐事，淹速本无期。会有天风定，见汝亭亭

时。五月念貂裘，竟生薄暮悲。萧萧不自畅，耿耿独题诗。"今桂花园古石刻
犹存，涂淑和墓已重修。

等伴洲的来历

等伴洲位于今武圣宫镇，昔为洞庭水道要冲，亦为三国古迹。相传，等伴
洲原为洞庭湖西水面洲渚，常遇湖水泛溢，故名泛洲，又因孤冷，亦名冷洲，
后合称冷泛洲，俗呼冷饭洲。因此地水阔浪高，客船不敢单独来往，故去常
德、岳澧等客船均在此结伴而过，又呼等伴
洲。清康熙时，商民倾资捐建石台，以备航
船躲风避浪，石台高1丈8尺，由36层麻石砌
叠；台长10丈，宽6丈，面积约一亩；石壁
上安装铁环供船舶系用，民众又称躲风洲。
清汉寿秀才沈其粼泛舟至此写有《新秋冷饭
寺即景》诗。（见《洞庭风情》2007年第3期
《前人遗韵颂南洲》）。

舵杆洲的来历

舵杆洲在今南县芦苇场东洞庭湖西岸。洲长约13公里，西连北洲子农场，
东插湖水之中，为古迹。《岳州府志》和《巴陵县志》载，"舵杆洲，在君
山西六十里"。1951年省政府2807号令将几经变更辖地的舵杆洲划入南县，先
后由大通湖农场、北洲子农场、南县河口乡管理；1963年南县舵杆洲芦苇场，
由华阁公社代管；1980年后县财政局直接管理至今。清康熙时创议筑舵杆洲石

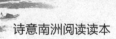

台，清世宗时拨水利捐白银20万两。舵杆洲石台长96丈，宽30丈，高6丈，周长257丈，为台北弓背形、南堤偃月形、中泊船港。台上建有神庙，台角压镇铁铸水牛。公元1744年停工，后于道光年间坍倒，民谚曰："康熙议，雍正修，乾隆完，舵杆洲。"又因原此沙滩弯长，形如舵杆，故称舵杆洲。系岳州府经常德府水路中之避风躲浪之要埠。

天心湖的由来

天心湖在南县西南边隅，今为县芦苇场所辖。洞庭湖全盛时期（唐、宋时），湖因淞澧洪道汇合诸水挟带泥沙注入而渐次淤积成洲。清末，它淤成厂窖西洲，后又淤露天星洲等一群洲渚，其中天星洲最大，面积约二万余亩。天心湖已淤成洲，它早期东连赤沙湖，西接太白湖，南望目平湖，北纳淞澧、虎渡河的面貌已不再见。明兵部尚书杨嗣昌有《过天心湖》诗云："湖光开八百，际此识天心。人意随空阔，端倪不可寻。遥观洞庭水，已辨麓山岑。径济如无事，虚劳测浅深。"

傅家圻的传说

傅家圻在南洲镇南山村境内，为千年水上古庙遗迹。唐宋时，宋田山为湖中山岛，系岳州至常德航道上之天然船埠。洪姓始在此建有古庙，庙门联云："傅姓名标千古庙，家祥德感万年神。"因洪姓竹木商在三郎城处遇风浪，后艰难爬上傅家矶才得平安，为祈洞庭王爷保佑，故捐款修建寺庙，并加修傅家石矶。清嘉庆二年设塘汛，备哨船二艘救生，驻兵10人防守。傅家矶后谐音称傅家圻。清末，此地成为南洲风景名胜，有《傅家圻八景诗》载于《县志备忘录》。

学宫街的来由

南洲镇德昌小学门前的这条街，被称为学宫街。原来，南洲厅治由乌嘴迁署南洲后，于1903年由南洲厅通判赵润生创建文武庙于此，文庙祭孔子，武庙祀关羽，有祭田240亩。因此处有孔庙，旧称学宫，学宫街由此得名。民国初县署在文武庙创建县立第一高等小学堂，段德昌等就读于此。彭德怀元帅数次率部驻军时，曾在此操练。现存于德昌小学中的一块二米见方的汉白玉石云龙浮雕，画面宛如龙腾天际又似游龙嬉海，艺术价值很高，当年毛泽东到此与段德昌相会坐于石上高谈阔论，后彭德怀站在此石上宣传革命道理，组织闹响成功。中华人民共和国成立后，"文化大革命"时此地被称为文卫路，20世纪90年代末县政府下文恢复此地为学宫街。

官正街的来历

南洲镇官正街位于"供销大世界"至劳动大楼之间，约长600米。1895年通判陈国仲拨田捐于九都修建厅署、巡检署、汛官署等时，从东堤河岸起向西修建一条街。由于它直通厅署官衙，故称官街。民国初年改称官正街，祀望当官者都公正清廉。

肖公庙的传说

肖公庙原为洞庭湖中一古刹。据传，曾有一肖公为排古佬，在湖上驾排，武艺超群。一日，一伙强盗见一对打鱼父女，因姑娘如花似玉、楚楚动人，便欲将其一同抢走。老父哀求无奈，只得投湖自尽。肖公恰遇姑娘哭泣之声，探明原因，便挥舞长篙，将众贼左点右刺，打翻水下，然后救起老翁，让父女团聚还家。此后，肖公探盗穴，斩蛟贼，为湖上排客船户保驾护航。若干年后，肖公升天，于是民众建庙纪念，祈求护垸保丰收。肖公庙名扬至今。20世纪60年代，尼姑湖淤积成洲，广州军区筹建南湾湖军垦农场，肖公庙成为驻地。省民政厅和驻军首长主持召集南沅二县代表，商定以五七公路为界，北属南县，南属沅江。

班嘴的来历

　　今中鱼口乡驻地班嘴，为古赤沙湖滨之嘴，明清二代皆设塘汛驻兵把守。后为疏溪畔侧之地，风景优美，《洞庭湖志》载："班嘴，在县（龙阳）东北。"《岳州府志·常德府》："三十里至布袋口，六十里至团山，三十五里至寄山，四十里至黄古滩，三十里至傅家矶，往安乡、澧州从此分路入小河，三十里至班嘴……"班嘴的来历，传说一为班姓居此嘴，二为板渔之嘴，故称班嘴。

沱江的由来

　　清末，藕池河形成后，洪水南冲至茅草街入洞庭湖，于是人们便将南洲镇至茅草街的藕池河这段称为沱江。它上承古沱（古称大江支流为沱）江（华容河）水，古华容河为长江支流，因此为名。它全长43公里，河床宽度300～436米，河底海拔24.1～27.6米，现已断流，出入口已修建船闸，辟为鱼池。

太阳山的来历

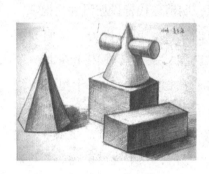

太阳山在浪拔湖乡太阳山村境内，又名蜈蚣地，距县城4公里。山体皆红黄土，最高海拔34米，方圆一平方公里。明代隆庆《岳州府志》载"明山太阳山皆取南方阳明之义"，在以五行代方位，南方丙丁火，故称太阳山。今山多辟为农田。明代户部侍郎程万里就出生于该地。20世纪90年代，该山出土了晋代古墓等。

宝塔湖的传说

宝塔湖原为200余亩湖泊，相传南宋岳飞行军筑堤走马于此，故称走马堤。湖畔曾有宝塔，联云："古往今来有几许文章入化；天空地阔看此间烟景无边。"湖因塔名，故称宝塔湖。2001年以后，县委县政府招商引资，有鸿投公司在此投资建设宝塔湖世纪城。2005年在《南县报》上该公司发起征文《宝塔湖赋》，全县赋似雪片飞入编辑部，有彭佑明《宝塔湖赋》技压群芳当选，由书法家高家余书写铭刻于世纪城广场前。现该公司已建七层宝塔于疏浚之湖中。此湖已成居民休闲胜地。

涂家老台的来历

南宋初年，涂淑和定居于涂家台（在今小荷堰村境内），并建有涂氏宗祠，祠后为桂园，村庄繁茂，水抱山环。因台基年深日久，称为涂家老台，并有涂淑和墓。1999年3月，此处出土了七千年前的三具骨架和一批石器及零散陶片，具有重大科研价值，在全国引起轰动。

武口寨的来由

武口寨在县城西南29公里处，即今厂窖镇全城村境内。《常德府志·龙阳县志》载："沅水东经武口（武口有五水分流）。"南宋建炎至绍兴年间，钟相、杨幺领导洞庭湖区农民起义，曾在此建寨。此口水深流急，港湾开阔，故能停泊24车大楼船。起义战士春夏耕种，秋冬攻城，兵农相兼，水陆两栖，此地因五水分流于此口，故称五口，后演化为武口，于是杨幺建于此口旁的军寨就称为武口寨。

赤沙湖的形成

夜晚，蒲公英抬起头来，看见满天蓝色闪闪发亮的星星。"真美啊，我真想去星星的海洋。"蒲公英情不自禁地说。

　　赤沙湖系洞庭三湖之一，为古湖泊。史载："湖在巴陵县西，在常德府龙阳县东南三十里，周围四百七十里，当夏秋水泛则与洞庭为一。涸时惟见赤沙弥望。"故因此而得名。汉末王粲诗云："悠悠澹澧口，下会赤沙湖。"南洲镇为该湖西北岸，明代淤成沃野。

洪沾庙的来历

　　洪沾古庙亦名洞庭水神庙，在县城南17.5公里的沱江东岸，因建于古洪沾洲上，故名洪沾庙，因祀奉主神为洞庭王柳毅，故又称洞庭水神庙。初创于汉代，历唐、宋、元、明、清数代。公元905年唐昭宗敕封柳毅为洞庭君利涉侯，又937年5月后晋高祖进封敕利涉侯为灵济公，再1328年元泰定帝封洞庭庙神灵济公为忠惠顺利灵济昭佑王。今庙已毁，县佛教协会建庙于德昌公园内，曰洪山禅寺，有继承洪沾古庙之意。

小毛驴生病

肖城的传说

"唱歌的风来了!"蒲公英高兴地对身边的老枫树说。

肖城，在南洲镇西郊，建于公元5世纪。坐落于绝景原之上，西靠方台山而建街市，澧水流经北侧，赤沙湖绕其东南，三面临水，形势险要，为当时政治、军事要冲。因南朝梁大宝二年（551），侯景将叛梁，围攻巴陵，梁湘东王肖绎遣胡僧佑、陆法和自江陵率军赴援。侯景将、任约据白脊以待之。后陆法和诱任约入赤沙湖而围歼之，任约于水刹赤沙亭柱下被擒。为庆祝平叛大功告毕而又呼功毕城。初建时茅屋居多，后人改称肖城。

古郡县遗址的来由

在今北河口一带，曾有南平郡和作唐县遗址，是1982年全县地名普查时发现的。《太平寰环记补阙》载："安乡县，汉孱陵县地。后汉建武十六年分治作唐县。吴为南郡治，晋太康元年置南平郡治作唐县，隋废郡改为孱陵县。"东汉建武十六年（40），从孱陵县分设作唐县，在北河口一带建立县治，距今近2000年。后历经三国、西晋、东晋，至南朝的陈祯明三年（589），"平陈废郡，县改名焉"，作唐县驻此达559年。南平郡废后，驿曰南平，村亦曰南平。因此，北河口有郡、县遗址遗存。

鼓历生腐的小朋友打扮也勒!

德昌公园的来历

在南洲镇原花甲、火箭村境内，有德昌公园，此地融陵园、景园、游园为一体。段德昌将军铜像，像基上镌刻萧克将军手书的"段德昌"英名，纪念碑碑身19.95米高，镌刻着何长工手书的"段德昌烈士永垂不朽"。公园中还有其他烈士墓，安放着十余位烈士忠骨。1983年5月1日，纪念碑破土动工，后逐步建设成德昌公园，为纪念红军早期杰出将领、红军军长段德昌。他不但是湘鄂两苏区的主要创始人，而且还是一位常胜将军，曾介绍彭德怀加入中国共产党，被中央军委确定为33位无产阶级军事家之一。现在这里已成为旅游的风景名胜之地。

茅草街大桥的由来

茅草街大桥是南县连接益阳市的主干道。于2000年10月26日奠基，由四座分桥组成，主线总长5.9公里，桥梁总长2.6公里，已建成通车。桥跨368米，宽跨比为世界同类型桥梁之最。因桥建于茅草街，故而得名。

兴盛大道的来历

　　县城南郊的兴盛大道西起南茅公路，东至沱江上坝，全长5000米，分二期建设。第一期已完成2600米，路宽60米。第二期已全面开工。兴盛大道寓意南县经济兴盛，故而得名。

大通湖垸的来由

　　大通湖垸总面积1308平方公里，由104个小垸组合而成。从公元1807年沱江中游东侧挽修第一个小垸——黎家垸开始，经历近百年，形成了同新、明山、大同、长厚四个大垸。因垸临大通湖，故而得名。

育乐垸的来历

育乐垸由育才、乐新两个垸组成。育才有17个小垸，乐新有57个小垸。育才垸1865年修陈复垸，至1886年有13垸并为育才垸，后又有永太、太来并为两太垸，1948年中和、陈复并为荣和垸，1951年和1954年，荣和垸、两太垸先后并入育才垸。乐新垸从1874年修逢吉垸，至1951年新成外垸等并入，越来越大。1978年，南茅运河竣工，育才、乐新两垸合并成一个大垸，取两大垸首字，故名育乐垸。

明山电排站的来历

1974年10月修建明山电排站，次年7月竣工。该站北临藕池河东支，南连大通湖，依山傍水，建筑雄伟壮观。拥有总功率9600千瓦，主机房为5层楼，高达39.5米，内装1600千瓦的同步电动机6台，直径2.8米的轴流泵6台。有长4.5公里、宽112米的引水渠直通大通湖，南麓有变电站，为电排送电。因站建于明山，故名明山电排站。

光复湖的来历

　　光复湖位于华阁南部，距县城33公里。湖南北长3公里，东西宽2.4公里，有水面4.86平方公里，湖底海拔24.5米，一般水深0.8～1米。该湖水质清明，水草茂密，适养鲢鱼，夏季风景优美。因湖处光复垸内，故名光复湖。

原创图书之一——
小毛驴生病
编绘：陆颖健 (132)

　　附：

家长推荐阅读书目

　　1.《做最好的家长——李镇西老师教养女儿手记》李镇西著　桂林：漓江出版社

　　2.《哈佛女孩刘亦婷》张新武　刘卫华著　北京：作家出版社

　　3.《好妈妈胜过好老师》尹建莉者　北京：作家出版社

　　4.《不吼不叫培养好孩子》秦泉著　长春：吉林文史出版社

　　5.《养育女孩》［澳大利亚］史蒂夫·比达尔夫著　钟煜译　北京：中信出版社

　　6.《养育男孩》［澳大利亚］史蒂夫·比达尔夫著　张谷若译　北京：中信出版社

7.《13岁前，好妈妈改变了孩子一生的30堂课》元元编 北京：朝华出版社

8.《解放父母 解放孩子》［美国］阿黛尔·法伯 伊莱恩·玛兹丽施著 孙璐译 上海：上海社会科学院出版社

9.《发现母亲》王东华著 北京：中国妇女出版社

10.《赏识你的孩子》周弘著 南昌：江西教育出版社

11.《我的事业是父亲》蔡笑晚著 北京：电子工业出版社

12.《教育漫话》洛克著 朗悦洁编译 武汉：武汉出版社

13.《爱的艺术》［美国］艾里希·弗洛姆著 刘福堂译 上海：上海译文出版社

14.《教育的目的》［英国］怀特海著 庄莲平 王立中译注 上海：文汇出版社

15.《家庭教育》陈鹤琴著 武汉：长江文艺出版社

16.《儿童的人格教育》［奥地利］阿尔弗雷德·阿德勒著 张庆宗译 北京：台海出版社

17.《孩子，把你的手给我》［美国］海姆·G.吉诺特著 张雪兰译 北京：北京联合出版公司

18.《长大不容易》卢勤著 杭州：浙江文艺出版社

19.《早期教育与天才》［日］木村久一著 唐欣译 南京：江苏人民出版社

20.《斯波克育儿经》［美］斯波克著 马良坤 余欣庭译 北京：北京联合出版公司

第五辑

一场游戏 一片欢笑

（游戏篇）

本辑编辑：张旋珍

（通用读本）

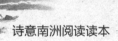
总　论

　　游戏，是一种以娱怀取乐、消闲遣兴为主要目的而又有一定规则的活动。

　　游戏的起源与人们的生产活动有着密切联系。远古时代，先民们为了谋生，凭借自己创造的简陋生产工具，向大自然索取生活资料。为了提高效率，就有必要熟习使用这些工具的技巧和锻炼自己的筋肉，于是就在闲暇时，以嬉戏的形式再现这些活动，以互相传授经验和进行练习。随着时代的变迁和岁月的流逝，这些练习活动中的嬉乐成分逐渐增加，成为一种与生产联系不很紧密的戏娱活动。

　　我国古代有着丰富多彩的游戏娱乐活动，许多娱乐活动的源头可以追溯到传说中的黄帝时代。在漫长的发展、演变过程中，我国的游戏娱乐形成了鲜明的民族风格，它不仅吸收了众多周边少数民族的游乐方式，同时，也随着文化交流而流传到世界各地，如围棋、相扑、放风筝等，更有相当部分的游戏活动融入了岁时节日的庆祝活动，成为民众日常生活的密切组成部分。

　　进入近代以后，随着西方文明的输入，一些外国的游戏娱乐，如台球、高尔夫球、跑马、扑克、国际象棋等相继出现在中国的游乐场所。原有的游戏娱乐也因这些新因素的进入，开始了新的演化历程。随着校园文化活动的兴起，又出现了不少适合中国孩子进行课间班级活动的游戏。

技艺游戏

射 箭

弓箭，在古代社会是决定性的武器。由于有了弓箭，猎物便成了日常食物，而打猎也成了普遍的劳动门类之一。弓、弦、箭是很复杂的工具，发明这些工具需要有长期积累的经验和较发达的智力，而要熟练地运用它们，除了臂力之外，更要有纯熟的技巧。

我国古代对射术十分重视。特别是在周代，要取得"士"的身份，必须掌握包括射术在内的六项基本技能，即所谓的"六艺"。在当时的学校和军队中，都把传授射术列为基本训练项目。关于研究射术的理论著作，大约在春秋战国时代就已大量出现。

为了提高射术、切磋技艺，人们常常进行各种形式的比赛和演练活动。在周代的礼仪制度中，还专门为贵族比赛射技制定了一套程序和制度。《诗经》中有一首诗就描绘了这种比赛的场面：各自找到比赛的对手，献出自己的射箭本领，争相射中目标，以便罚你（没射中的）喝酒。（《小雅·宾之初筵》："射夫既同，献尔发功，发彼有的，以祈尔爵。"）这样，这一活动除了训练目的之外，还带上了一定的娱乐性。在宫廷和贵族的宴会上，常常以表演和比赛射箭来助兴，个别以武艺立身的军人，甚至还"专以射为戏"。在少数民族中，射箭除了用于军事外，还有实际生产效用，所以他们还把射箭作为儿童的游戏项目之一。一些入主中原、建立政权的少数民族，为了"不忘本初"，保持自己的民族本性，把射箭作为培养、巩固民族意识的基本手段，因此，以射箭为游戏娱乐的现象也格外突出，如辽有"射（木雕）兔"之戏，金有"射柳"之戏。清代皇室每届秋季，还要组织王公贵族在特设的木栏围场举行大规模的狩猎活动，而在纨绔子弟中，甚至有以射箭为赌博的事。例如曹雪芹在《红楼梦》中，就描绘了贾珍在居丧期间，聚众"射鸽子"赌钱的情境。

蹴 鞠

蹴鞠，是古代的一种足球娱乐活动，相传创始于黄帝，最晚在战国时代就已经很流行。它的游戏方式跟现代的足球运动很相似，参加者分为两队相互对抗、争踢一球，将球射入球门者得分。最初，蹴鞠主要流行于军队中，是部队在闲暇时以嬉戏方式来训练兵士的一种活动。由于它有较强的娱乐性和对抗性，所以，在民间和宫廷娱乐中也渐渐盛行起来，相传刘邦的父亲就是个蹴鞠迷。从汉代文物中描绘的蹴鞠形象来看，当时这一运动具有游戏、军事锻炼及医疗体育等多方面的意义。蹴鞠的场地为长方形，四周有短围墙，称为"鞠城"，两端各有六个球门，称为"鞠域"，附属在两边城垣的下部，当时的宫廷和贵族私人宅第中，都有专门的鞠室和鞠场。蹴鞠比赛有一定的条例和规则，并设有裁判判定输赢。

秦汉时代所用的鞠，是一种外包皮革，内充毛发的实心球。这种球一直沿用到唐代，才有了新的改进，出现了"气毬"，它的内胆用灌气的动物胞做成，外用八片皮革缝制而成，踢起来轻捷便利。球的改进，促使比赛规则和踢球方法的变化，这时，出现了用竹络网架起的高达数丈的毬门，并有单毬门和双毬门两种不同的设置毬门的方式。在当时的春日郊游中，蹴毬（当时也称"筑球"）甚至成了一项固定的节日娱乐活动。

宋代，蹴毬受到不同阶层人士的喜爱，成为各种喜庆宴会不可缺少的娱乐活动之一。宋代的蹴毬比赛和今天的足球运动有点相似。比赛场中竖有一个三丈高、近一丈宽的毬门，顶部拉着网，中间留有三尺左右的门眼，俗称"风流眼"。参加比赛的毬队每队有十来人，其中有一个是毬头（队长），隔着毬门分别站在自己的场地上。比赛开始时，先由一方毬头开球，毬在本队队员中盘运传递，带有一定的表演成分，毬最后仍传回毬头，由他踢过毬门。如毬撞网，可由本队守网的队员（竿网）接住再踢，如毯落地即输一毯。对方毯队在接毯后也如法炮制。最后根据得分的多少决定胜负，输毯一方的毯头要被脸上抹上白粉，用麻鞭进行象征性的抽打。当时的宫廷中，还有专业的皇家毯队——筑球军，每逢节庆和招待外宾，都少不了他们的表演节目。宋代还有一种以踢花样难度论胜负的蹴毯戏，称为"白打场户"，较之"筑球"具有更多的自我娱乐成分，因而也更受人欢迎。它不需要专门的场地，参加者可以一一轮流表演，也可以多人各自为阵地对踢。玩毯者可以利用头胸四肢的不同部位滚弄玩毯，每一个部位玩球都有许多花样变化，几个花样动作连在一起称为"解数"，由于动作先后顺序排列的不同，解数可以组成几百套，以参加者的花样种类多少、毯法严密程度分输赢。

元明时期仍沿袭前代两种蹴鞠形式。到了清代，由于满族习俗善冰，因而出现了冰上球戏，传统的蹴鞠遂被禁止。

踢 毽 子

踢毽子是民间的一种传统游戏。毽子，在古籍中又写作鞬子、鞯子、蹀等。毽子底座（毽铊）通常用铜钱或锡、铁片制成，上辍羽管中插羽毛数根，可以一人自踢，也可以数人对踢。毽子衍于古代"外包皮革，内实毛发"的鞠，而它的踢玩方式、技巧，又糅合了唐宋以来踢气毯的技艺，所以人们一般都认为它是"蹴鞠之遗事"。和踢气毯的技艺相似，毽子的踢法也有许多不同的花样和解数，并被冠以许多好听的名目，如佛项珠、耸膝、拖枪、里外廉、突肚等。据说，清光绪年间，承德有位一百岁老人，能踢出喜鹊登枝、金龙探爪、狮子滚绣球等一百多种花式。由于踢毽子需要很好的腿上功夫，因此有的地方还把它作为练武的辅助功。踢毽子易学，踢起来有趣又有健身作用，所以历千年流传而不衰。

踢 石 球

踢石球是金元以来流行于民间的一种与击角相类似的游戏，多见于北方。那里冬天寒冷，平民百姓就琢石为球，用脚蹴击，以此御寒。玩时，用石球两个，一人先踢其中一个，随后一人踢另一球让它撞击前一个，击中者为胜。有的研究者认为，在西安半坡新石器晚期遗址中发掘出的石球，也是当时人们用来踢球的游戏用具。

角 抵

角抵，在古籍中又写作角觝、觳抵，是我国古代一项较臂力、演练后投技巧的体育娱乐活动。

早在原始时期，就产生了再现战斗场面的武舞。这种武舞，具有娱乐、训练、交流经验和颂扬武功等多种功能。大约在春秋时代，在这个基础上形成了演练搏斗、摔跤、擒拿等技巧的"相搏"比赛。到了秦汉时期，相搏除了用于比试武功之外，表演娱乐的成分大大增加，角抵的名称也是这时出现的。当时，角抵表演常与百戏杂技一起进行，表演者上身完全赤裸，下身仅在腰胯束有短裤、赤足。头上一般不戴帽子，仅用头布简单地包一下发髻。这样的装束在我国古代的角抵运动中一直沿用至明清。

南北朝和隋朝时，角抵与百戏杂技相分离，完全成为角力决胜的摔跤运动，又称相扑。上自宫廷，下至民间，无不以此为主要的娱乐活动之一。也就是在这一时期，相扑通过文化交流传到了与我国相邻的日本，成为日本人民喜爱的比赛、娱乐项目，它们那里至今仍保持着"相扑"的名称和具有唐代风格的比赛装束。

宋代相扑极为流行，在平民游乐场和庙会上，它也是极受欢迎的比赛和表演项目，人们还形象地称之为"争交"。当时，宫廷中有专门的相扑队，在皇家宴会和喜庆活动中表演大型集体相扑；民间组织有相扑的专业性技艺团体，称为"角抵社"，定期在特设的场所举行有各地高手参加的擂台赛。宋代不仅有男子相扑、小儿相扑，还有妇女参加的相扑比赛。女子相扑最晚在三国末就已经有了，但那时仅仅在宫中由宫女表演，而宋代在平民面前表演的女子相扑手都受过一定的训练。由于女子相扑时，也和男子一样裸露肢体，所以经常受到官府的禁止，得不到正常的发展和提高，最后绝迹。

宋代以后，随着武术运动的开展，相扑成了习武的项目之一，但在民间它仍是受人欢迎的娱乐项目之一，一些民间艺人也借此表演谋生。在边疆的一些少数民族地区，至今还保留着在节庆娱乐活动中聚众相扑助兴的风习。

秋 千

春秋时代，齐桓公北伐山戎（长城以北的一个少数民族）时，看到当地人踩着两根带子吊在空中晃来荡去锻炼身体，于是就把这种游戏带回中原。相传，这就是后世盛行于民间的秋千游戏的来历。后来，一些企羡成仙的人又给它起了个"半仙之戏"的雅号。秋千动作有多种多样，汉代即已出现了在秋千上翻筋斗的动作。宋代还出现过"水秋千"，表演者在龙舟上架着的秋千上做着种种惊险动作，当秋千荡到一定高度时，就翻身纵入水中，十分惊险有趣。两千多年来，秋千以它特有的魅力受到人们的青睐，尤其是被封建礼教禁锢在后宫深宅的少女们，常常喜欢用它来排遣闲暇。荡秋千的许多花样和技巧，后来被吸收成为杂技表演项目。至今，它在一些少数民族地区（如朝鲜族）仍流传不衰。

拔 河

拔河是古代一种锻炼体力的游戏。参加游戏者分为两队，各持绳的一端进行角力，旁观者常常分为两队敲鼓呼喊助威，气氛既紧张又热烈。相传，在春秋时代，楚国攻打吴国时曾用它来训练士兵，后来就在民间传开了。襄汉一带风俗，正月十五往往要进行拔河比赛，据说就是那时留传下来的风俗。古代用来比赛的绳子是用竹篾编成的，为了便于双方握持，两头分别系上许多小绳，因此，这种游戏在古代又称为"牵钩"成"拔"。

跳 绳

跳绳在我国有着悠久的历史，它具有和秋千类似的锻炼身体的作用。它的历史可以上溯到一千多年前的南北朝，当时称这种游戏为"透索"。清人潘荣陛在《帝京岁时纪胜》中记录了当时北京元宵节的民间娱乐活动，其中有一项就是跳绳，当时又称"跳白索"。跳绳有单脚跳、双脚跳、单脚换跳、双脚并跳等多种跳法；用长绳可两人同时摇动，集体轮流跳或同时跳，儿童跳时常伴以歌唱。跳绳的娱乐性很强，因而流传至今。

竞　渡

　　竞渡是一项演练操舟技巧的水上娱乐活动，盛行于江河沿海地区。因为许多地方习惯于在五月五日端午节开展这项活动，所以许多文献和传说都把它与对爱国诗人屈原的纪念联系在一起。竞渡除了比赛舟行速度外，参赛船只还要在比赛前后摆成种种花样进行表演。例如，宋淳化三年（992），政府水军在金明池表演竞渡之戏，太宗驾临观看，岸上围观者数以万计。竞渡时除了赛船夺彩外，还将船只划成"圆阵""交头"等种种图案，博得了观众的阵阵喝彩。至今，竞渡还在东南沿海地区和一些少数民族地区流行。

智力游戏

围 棋

　　围棋是我国人民喜爱的棋类游戏，古代又称之为"弈"。传说是原始社会的首领尧为了教儿子丹而发明的。

　　早在春秋战国时，围棋已很流行，当时还出现了下棋的高手弈秋。孟子称赞他是国内最善弈棋的人。这表明，围棋已是当时一种常见的娱乐活动了。汉魏时，文人学士中弈棋的风气渐渐盛行起来，建安七子之一的王粲，其高超的复盘技艺在当时传为棋坛趣闻。从汉墓出土的石制围棋盘中可以知道，当时的棋盘已纵横各17道线。两晋南北朝的文人尚清谈、乐游宴，这种风气促进了围棋的发展，围棋成了当时饮宴交往的常见节目，人们称之为"坐隐"和"手谈"。那时，围棋手已有等级区分，名手遍及南北，用围棋赌胜的事情屡见不鲜，最著名的是谢安、谢玄弈棋赌别墅的故事。到唐代，围棋棋盘已增加到纵横各19道，通用的术语已达到30余字，如立、行、飞、尖、干、绰、约等。在唐代，还出现了官方设立的专业棋手称号"棋博士"和"棋待诏"。玄宗时代的王积薪是最著名的棋待诏，有关他的趣闻也十分多。据载，他出游必带棋具，路遇农夫也要拉着下一盘，这说明，那时平民百姓会下棋的不少。围棋被提到与音乐（琴）、书法（书）、绘画（画）艺术并列高度的地位。也正是这一时期，围棋东传到日本，很快流行开来，深受日本人民的喜爱。唐大中二年（848），在长安还举行了一场中日围棋手的比赛，中方的参赛者是国手顾师言，日本的是日本国王子，最后顾师言用了"镇神头"的绝招战胜了对手。成书于北宋的《围棋十三篇》，是在我国广为流传的全面系统地论述棋艺的理论著作，对后世的影响极大。而元朝的《玄玄棋经》的价值主要在于它收集了极为精妙的378个死活棋势。这两部著作都带有总结性质。到明清时期，围棋又出现了一个高峰。明初，君臣都酷爱围棋，南京莫愁公园内有一座"胜棋楼"，据说就是朱元璋弈棋时输给开国元勋徐达的地方。明代知名的棋手，屡见于各种笔记典籍，其中最有名的是过百龄。由于弈棋的广泛开展，还形成了各种棋风和流派，如"永嘉派""新安派""京师派"等。清朝时，围棋名家辈出，如黄龙士、范西屏、施定庵，都是棋坛上称雄一时的霸主，棋艺水平已达到了过去从未有过的高度。

象 棋

象棋是中国古代与围棋并列的著名棋类游戏。它起源于何时，目前尚无定论。关于"象棋"的名称，虽然早见于战国时期的《楚辞·招魂》，但它所谓的象棋是指象形的博棋子或用象牙制作的棋子，与现在的象棋不是一回事。象棋棋盘里的河界，又名"楚河汉界"。这个名称，可能受到楚汉相争，韩信做象棋的传说的影响，是由后人附加的。据传说，韩信带兵攻打赵、齐等国，曾利用休整时做象棋以教士兵。一般认为，南北朝时由北周武帝宇文邕创制的"象戏"是后来象棋的祖型。

到唐代，象棋中已有了"车、马、将、士、卒"，中唐以后又加进了"炮"，但那时的象棋盘是纵横8格，棋子置于格子中，和现代国际象棋盘一样（有人认为，现代国际象棋即源于中国象棋）。北宋是中国古代象棋的革新时期，通过棋艺家们对各种棋制的选择，经过了上百年的实践，象棋至北宋末最后定型，当时出现的棋盘纵10路，横9路，有河界，棋子32枚，按纵横线行棋，"将"在"九宫"之中，已和现代的象棋完全一致。

象棋易学，相对"文人雅艺"的围棋来说，它具有更大的群众性，但下法又千变万化，相当引人入胜，所以近千年来久传不衰，始终是民间流行的棋类游戏，甚至在日本和东南亚一带也相当受欢迎。

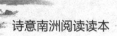

骨　牌

　　骨牌是古代一种牌类游戏，流行于宋以后各代，骨牌得名于制牌的制料，有的牌系象牙制成，故亦称牙牌。据说，它是在宋宣和年间被创制出来的，所以又有"宣和牌"的别名。

　　骨牌是从骰子衍化出来的一种游戏，每张牌上都雕有两个骰子点数，全副共32张，总计227点。32张牌中有11种牌各有两张，称"正牌"，另有10张单牌，称"杂牌"。成对的正牌，各有名目，如上下各六点的一对称为"天牌"，总点数是24点，据说是"象天之二十四气"；上下各一点的一对牌称为"地牌"，总点数是4点，据说是"象地之四方"等。骨牌有牌九、打五关、接龙等玩法，也用于卜筮和赌博的功能。玩牌的人数可多至四人，也可以一人独玩。较为流行的一种玩法是四人或两人对局，每人摸牌若干，以3张合成一副，配以古诗相斗。例如以一对和牌（每张上下各2点，总数8点）和一张二五点牌相合，全副共15点，称为"观灯十五"，配以"十月（10点）先开岭上梅（梅花五出，以比5点）"的诗句。因为其配合的花样多，不易遍记，所以有人编有《宣和谱》《宣和谱乐牌汇集》等谱以供检索。

　　骨牌虽只有32张，但它相互配合，可以变出很多花样，足以益智消暇，所以一直流传不绝，直到现代。

麻　将

　　晚近民间流行的麻将牌游戏，是从明代的马吊牌发展演变而来的。

　　清康熙年间，马吊牌中有一种叫"游湖"的玩法出现，它是将原来的马吊牌中的"十字门"去掉10张，选留"万万贯"1张，然后合两副牌为一副，共得牌60张。玩法为四人入局，每人取10张，余20张由另一人掌之，除可以大击小外，还有"合点撞数"等花样，称为碰和。乾隆年间，牌数又增到120张，玩时每人得牌20张，其余牌皆为掩复，以备摸取。《红楼梦》第四十七回中写贾母与薛姨妈等人斗牌，玩的就是这种牌。乾嘉之际，它在一种花牌的影响下，演变成现在麻将牌的样子，它用"筒"代替了马吊中的"文钱"，改"空汤""枝花""万万贯"为中、发、白，另增东、南、西、北四风，共计136张（后来又增加了8张花牌），牌质也由纸质改为竹刻或骨刻牌。玩时四人入局，每人取牌13张，依次摸取余牌一张进行组牌，以先组成四组、一对者为胜。因江浙一带土语称鸟为"diao"，所以马吊又音讹麻雀、麻将。

游戏者在玩麻将的组牌过程中，要进行多方面的观察、分析、比较、鉴别和决策，是一场斗智比谋的角逐，所以尽管它有时被作为赌博用具，但在本质上仍是一种锻炼智力的传统娱乐活动。

谜 语

谜语，古称"瘦词""隐语"，是古代一种锻炼分析思维能力的文字游戏。

谜语的起源颇早，在有文字记载以前就存在民间口头相传。春秋时代，列国纷争，一些游说之士为了劝说君王，往往不把本意说出而借用别的语言来暗示，使之得到启发，时称"隐语"。秦汉以后，这种风气更加盛行，应用范围也日益扩大。许多文人学士也热衷于此道，以为闲暇消遣。谜语的体裁和格式也因此而变得更加丰富多彩，除了字、词、句的谜语外，还有了物谜、画谜、哑谜等形式，谜格（对谜底的限制性要求）更增加到上百种，文字的音、形、义诸方面特点和语词的典故几乎都被融合到谜语中，以至于有的谜语不具备多方面的文史知识几乎无法索解。大约在宋代，人们在元宵节的花灯上写贴谜语供人猜索赌胜，以增加观灯的趣味，从此，猜谜成了元宵节的时令娱乐活动之一，这一习俗深为各阶层民众所喜爱，一直保留到现在，谜语也因而有了"灯谜"的别称。

九连环

　　九连环是我国古代在民间广泛流行的一种益智游戏。它有两种形制，均以铜丝制成。一种有小环九枚，每环各通过一根一头连于长片的铜丝相套接。游戏时用带有执柄的狭长圈（称"柱"）来贯穿九环，套入柱中，然后依法一一解下，方法颇复杂，一般须上下81次方能将九环套入，再上下81次方能解下。另一种是用9个可分可合的圆环，套叠成花篮、绣球、宫灯等形象。晚近魔术节目中的套环，即借鉴了它的玩法。

七 巧 板

　　七巧板是民间的一种拼板游戏，约在宋以后盛行。

　　古人曾创制一种可以分合的图案，合则为一方桌，分则为数小几，随宾客多少而任意分合，最多的一种是由七几拼合一桌。宋人黄长睿曾撰《燕几图》论其形制和种种拼合方法。后人便由此得到启发，将一正方形板块按其方式，分成包括三角形、菱形、正方形等几何图形的七小块，用以此拼排多种多样的事物图形。因为它变化多端、趣味无穷，所以深受民间喜爱。清人童叶庚更在七巧板的基础上，创制了一种"益智图"，他把正方形分成15块，增加了半圆、拱形等形状，使其变化更为复杂。

　　七巧板还流传到国外，深受世界人民的喜爱，国外称之为"唐图"（tangram），意为中国的图板。

赌胜游戏

赛 马

马驾车是古代的主要交通工具和武器装备，在先秦时代，御术（驾车技术）是每个贵族都必须具备的本领。当时的学校教育中，习御是一门主要的课程。为了提高御术，贵族们在习武之暇，经常要进行驾车比赛，开始不过是切磋技艺和娱乐，后来变为赌博，许多贵族为了赌胜，广为搜罗好车马，驯养驭车，而以赛车切磋技艺的目的已很不明显了。

从战国到秦汉，战车在实战中被淘汰，骑兵兴起，于是赛车又演变为赛马赌胜。以至于"斗鸡走马"成了当时游侠少年的时尚玩意。赛马时，除了比速度以外，有的骑手们还在飞速行进的马上表演种种惊险动作，这一技艺后来被杂技节目吸收，成为"马戏"，很受欢迎。

现在，在北方的一些少数民族中，赛马作为喜庆节日的娱乐项目仍很流行。

斗 鸡

斗鸡在战国时已经流行。在齐国城都临淄，斗鸡更是成为一种时尚。当时人们为了加强鸡的搏斗能力，甚至还为它装上金属的爪子。到汉代，出现了以斗鸡为生的"斗鸡翁"。斗鸡在唐朝的玄宗时代最为盛行，玄宗由于十分喜爱民间的斗鸡游戏，就设立了"斗鸡坊"，专门管理收集来的千余只"高冠昂

尾"的大雄鸡。皇帝所好，王公贵族也群起效仿，不少人因此倾家荡产。唐陈鸿的《东城老父传》小说写的就是一个斗鸡人的故事。唐以后，斗鸡之风仍绵绵不绝。

民间以驯养动物相斗的，除了斗鸡之外，还有斗鸭、斗羊、斗鹌鹑、斗鱼等，大多限于一时一地，不及斗鸡那样普遍和流传时间长。

斗蟋蟀

蟋蟀，又名蛐蛐、促织。斗蟋蟀约始于唐代天宝年间，那时，一到秋天，宫中妃嫔将蟋蟀蓄于小金笼中，夜里就放在枕头边听它的鸣叫声，用来解除寂寞，后传入民间，人们就开始让蟋蟀在笼中相互咬斗，并以此赌胜负。得胜的蟋蟀被称为"将军"，立刻身价百倍。与此同时，总结、介绍蟋蟀品种、驯养及鉴别经验的《促织经》《蟋蟀谱》之类的书应运而生。但是，有人因为斗蟋蟀赌博而倾家荡产、贻误军国大事。宋丞相贾似道、明代的宣宗皇帝，都因酷嗜此道，以致举国受其牵累。明宣宗甚至动用行政力量向江南地方一次索要1000头蟋蟀进贡，当地官员竟有因捕蟋蟀有功而升官者。蒲松龄的《促织》就是以这一事件为背景写作的关于斗蟋蟀的著名传奇故事。

酒 令

酒令是饮酒时用于劝酒助兴的一种博戏。这种游戏起源很早，汉代韩婴的《韩诗外传》已正式称之为"酒令"，因为行令有一定的规则，违令者有罚，所以又被称为"觞政"。

古代行酒令的方法很多，大体上可分为古令、雅令、通令、筹令四大类。

　　古令有击鼓传花、鼓盘起舞、手势令、急口令、藏钩、射覆等种类。其中，藏钩，后来又称猜枚，即由饮者在席上任取果粒，如松子、瓜子之类，握于手中让他人猜射，或猜奇偶，或猜数目，猜中者或猜错者罚酒。晚近盛行的划拳（又称豁拳、拇战）即从这一类手势令演化而来，比赛双方同时出手，各猜其所伸手指之数，合而计算，以分胜负。在文人中，豁拳的式样，称谓很多，甚至还专门有人写了《拇战谱》来记载它们。

消闲游戏娱乐

垂 钓

　　钓鱼，是现在盛行于世界的群众性体育娱乐活动。

　　我国的钓鱼，有着悠久的历史，早在新石器时代出土的文物中就有了骨质的鱼钩。不过，当时的钓鱼完全是一种获取食物的谋生手段。后来，在达官贵人、文人雅士中开展起来的垂钓活动，既不是为了训练生产技能，也不是为了比赛，主要是为了消闲。这种闲情逸致，又在相当程度上是受了"归隐"情趣的影响。相传，姜子牙曾隐居渭水之阳垂钓，东汉的严子陵因为不愿当官也跑到富春江畔去钓鱼。魏晋以后，隐逸的情绪在文人中很流行，于是垂钓也成了他们消愁遣怀的方式之一，独钓的渔翁、静谧的山水，常常出现在他们所作诗、画的意境中。著名的诗人陆游自称"渔夫"，苏东坡在杭州做官时"垂钓于西湖"，就都是这种情趣的流露。

驯养动物

　　驯养动物，是我国古代传统的消闲娱乐方式之一。

　　驯养家畜本是远古先民的生产活动之一。据研究，早在新石器时代，我国传统的六畜就已驯养成功，但作为生产方式的驯养动物，与娱乐性的驯养动物具有不同的内容和目的。首先，娱乐性的驯养对象，大多是一些外形具有美感或鸣叫声悦耳的小动物，如猫、狗、鸟、金鱼、昆虫等，尽管这些小动物中有些种类（如猫、狗）有生活实用性，但驯养者本身的目的，大多是为了从它们的形态和鸣叫声中娱乐身心。

驯养动物，除了养以观赏外，还有驯以习玩。对于一些小动物，驯养者在饲养的同时，或调教它们发展某一方面的专能（如教鹦鹉学舌），或培养它们的恋主感情（如猫、狗），甚至驯养到它们不加羁系不仅不逃逸反而能为主人做一些小事情（如雀儿衔物、鸽子送信）。驯养者由此萌生一种苦心得到报偿的欢愉之情，这种情调常常能调节情绪，起到健康身心的作用。所以，民间稍有条件之家往往都把驯养动物作为消闲的一种娱乐方式。

栽培花木

栽培花木，也是我国传统颐养性情、消闲娱乐的方式之一。

上古时，民间就有在宅边、道旁种植树木的习俗，但是大多是具有经济价值的品种（如桑、榆、松、柏等）。人们在观赏中，逐渐培养了欣赏花木之类的能力，于是逐渐从纯观赏性的角度去选择花木的种类。但是在唐代以前，人们还没有人工栽培花卉，只能到自然界中去寻访野生状态的花木，或是摘取现成的花卉回家供养观赏。唐代后，在观赏花卉风气的影响下，出现了花农，并产生了一批花卉栽培的专著。于是，一些士大夫在观赏之余，开始自己来栽培花木。

花艺植木，除了有育成之后的观赏之乐外，其乐趣还在于在栽培上的寄情和接触园艺的新奇趣味。虽然它有挑剔、浇顿之苦，但正如李渔所说的"以身任微动，节其劳逸，亦颐养性情之一助也"。

花木栽培的发展，还附带影响了两种陶冶性情的技艺产品。一种是盆景，据研究，早在新石器时代就有了盆栽。唐宋以后，它有了很大的发展，相继称为"些子景"和"盆景"，这是一种花木栽培技术与造型艺术相结合的产物。士大夫的情趣对盆景有很大的影响，盆景又反过来点缀了他们的生活环境。另一种是瓶花艺术，早在花卉人工栽培以前，瓶花就因人们的观赏因素和佛教昌盛而滥觞。宋以后，瓶花艺术更广泛地发展起来，人们以各种款式的珍贵花瓶插各式花卉以供观赏。插出美观的花束，既是一种艺术，也是一种陶冶心情的娱乐，有人还为此撰写了《瓶花谱》《瓶史》等专著。我国的瓶花艺术还对国外有一定的影响，日本的"花道"就和它有密切的联系。

童 嬉

放 风 筝

放风筝，也称"放纸鸢""放鹞子"，是我国民间的一项传统游戏。相传，在春秋时期，著名工匠鲁班曾做了一只"木鸢"飞上天，去窥探宋国都城。后来，有人以纸代木，称为"纸鸢"，曾一度作为军事通信的工具。到了五代时，人们在纸鸢上系了竹哨，升空时风入竹哨，声如筝鸣，始称"风筝"。

风筝流行后，人们除了在使它飞得稳和高上下功夫之外，还在它的外形上动脑筋，于是以形状大取胜的大风筝，以摹拟人、物取胜的拟形风筝相继出现，制作风筝本身成了手工业中的一门手艺。过去人们总结的风筝的扎、糊、绘、放"四艺"中，属于风筝制作的就占了三项。

抖 空 竹

抖空竹是一种中国民间游戏，俗称"扯铃"。空竹，又名空钟、响簧、地龙、闷葫芦等。明代的《帝京景物略》中有"杨柳儿青，放空钟"的记载，说明当时人们常在春季玩这一项游戏。空竹分单轴和双轴两种，轴内是空的，每个轴有孔四五个，孔内木片作笛以利发声。连着轴有一个圆柱状的把，把的中段稍细。把空竹悬系在两根小棍顶端的细绳上，玩者两手各挂一棍来回拉动，便可产生旋转，并随速度的加快空竹会发出嗡嗡的响声。当它转到一定速度

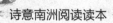

时，玩者还可以将它抛向空中，做各种花样动作，然后再将它接住。晚近的杂技节目中往往把它作为一个表演项目。

手 鞠

手鞠是中国古代的一种球类游戏，玩时手掌去拍球，故名手鞠。它是从蹴鞠中衍化出来的一种游戏，在宋代市民中曾盛极一时。玩法一般为向地上或向墙上连续拍打，花式有"单跨""扁马""落架""两面鱼""朝阳"等，是儿童比较喜爱的一项游戏。

捉 迷 藏

捉迷藏，也称"藏朦"，虽然是一种传统的儿童游戏，起源却是成人游戏。相传，唐代玄宗皇帝与杨贵妃都用锦帕裹住眼睛，在一块小小的地方相互捉摸嬉戏，后人就模仿以为游戏，称为捉迷藏。后来，多由数人一起游戏，其中一人裹目去捉摸他人，碰上即赢。

节令游戏娱乐

放 爆 竹

　　爆竹也叫"爆仗""炮仗"。古时在节日或喜庆日，用火烧竹，使之爆裂发声，称"爆竹"，人们以为能驱除邪恶。到宋代，开始出现用卷纸裹火药的爆竹。放时点燃连接火药的药线，引起火药爆炸发声，有单响、双响之别。还有将许多小型爆竹用药线串在一起，称为"鞭炮"，引燃后响声不绝。除夕夜，是放爆竹最热闹的时候，人们以爆竹声迎来新年。

放 花 灯

　　放花灯是我国传统的娱乐活动，多在正月十五元宵节前开始张灯，在正月十五形成灯市。花灯以竹、铁、木条、藤条、麦秆、兽角等作为灯架，扎成各种形状，外面用纸、绢、纱、绸、玻璃等封好，并绘有图案。元宵放灯始于汉永平年间，到唐代已发展为灯市，宋代的灯市最为繁荣，灯市上扎有灯塔、灯山、灯球、灯牌坊等。元宵放花灯的习俗一直沿袭到现在。

放 烟 火

烟火亦作"焰火",是烟火剂燃烧时所发出的烟和火花的总称。烟火内装药剂,点燃后焰火喷射,呈各种颜色,并幻成各种景象。烟火始于宋代,那时将各色烟火系于高大的烟火架上,燃放时显现空中楼阁或戏曲形象。

踏 青

春季到野外踏春郊游,早在汉代就开始了,唐代游春风气特盛,杜甫就有"江边踏青罢,回首见旌旗"的诗句,踏青风俗一直到现在仍保留着。由于我国各地植物露青时节不一,踏青的日子也不尽相同,北方一般都要到清明才开始踏青。踏青活动除了远足外,或者"春郊驰马"放风筝、打秋千、蹴鞠,或者在野外罗列杯盘,互相劝饮,抵暮而归。

校园课间游戏

你追我赶

在宽敞的走廊或平整的空地上画一大一小两个同心圆，将两圆之间的圆环分成8份，形成8个空格。游戏开始前，两个人分别站在相对的两个空格里。

游戏开始后，两个人都用并腿跳的方式，沿顺时针方向你追我赶。当追者追上被追者，用手拍打到被追者的肩膀时，被追者算输，退出游戏。另换一人上场，游戏继续进行。

游戏中，两人都只能双腿并拢跳跃前进，不能单腿跳。

为了增加游戏的趣味性，裁判可随时喊："变！"裁判喊"变"后，两个人应立即改变追赶方向。

此游戏能训练人的弹跳能力和应变能力。

建造"房子"

在平坦的地面上画一个长方形，再将其平分成十个方格，在每格内依次标上1~10的数字。参加游戏的人猜拳或协商决定游戏的顺序。

开始后，第一人拾一块小石子，将它投入第一格，然后单腿跳入第一格，用足尖依次将石子踢入第二格、第三格，直到第十格，石子每踢入一格，人也依次按格跳入，待跳完第十格后第一轮结束。第二轮的方法是将石子一下投入第二

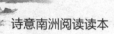

格，再依次跳踢至第十格。然后背对格子，将石子倒投入任何一格，石子所在的格即该人所建造的"房子"，用粉笔在此格上写上其姓名，如石子未投在十格之内，即失败，接着换人继续。继续的人遇到已经写上名字的格子，必须跳过。

踢石子和单脚跳到格子里去时，不能踩线或出界，提起的脚也不能中途落地，否则算犯规，换人继续。

该游戏能锻炼人的弹跳能力。

拉绳比力气

这个游戏需要准备若干根3~4米长的绳子，若干个手榴弹或接力棒。参加人数以十人为宜，分成人数相等的两队。

在平整的场地上，画两条相距2~3米的平行线，在线外摆上手榴弹或接力棒。

将绳子结成圆圈，每队各出一人，背对背而立，将绳环套在腋下拉紧。

比赛开始，两人各自向前蹬腿拉绳，谁先拾起前面的手榴弹或接力棒，得一分，得分多者为胜。

拉绳时，比赛者两手不得撑地，身体尽量前倾，以增强腿的后蹬力量。

比赛者套绳时，应将绳套在腋下，不要套在腹部。

这个游戏能增强腿部的肌肉力量，适合小学五六年级的学生。

"丛林"追捕

此游戏可在操场进行，全班学生都可参加。

将参加游戏者分成人数相等的若干横排站立，两人之间、前后排之间的距离为两臂的长度。每排游戏者两臂侧平举，成为丛林横道。另选两名游戏者，相隔一米距离，站于丛林横道之间，一人为追捕者，另一人为被追捕者。当裁判发出向左或向右转的口令后，全体游戏者同时跟着口令转体90°，改变丛林通道的方向。追捕者和被追捕者立即在改变了的丛林横道中奔跑追捕。在游戏过程中，裁判要指挥参加游戏者随时变换队形，使追捕者和被追捕者不断改变跑的方向。追捕者和被追捕者都不能从手臂下钻过。当被追捕者被抓住后，可另换一对重新进行。

此游戏能培养参加者灵活反应的能力和协同一致的精神。

“斗鸡”比赛

此游戏模仿古老的“斗鸡”，在走廊、平整的场地都可进行。

游戏者两人一组，抬起一侧大腿，双手抱住脚踝，另一条腿支撑身体，做好准备。

游戏开始后，双方互相用膝、身体冲撞对方，或用闪、躲等动作诱使对方失去平衡，谁屈膝的腿先落地谁失败。

游戏时，不允许用手做动作。

如果抱踝关节的手脱落，但脚未落地，允许双手重新抱住脚踝继续进行。

此游戏能提高单腿支撑的平衡能力，培养反应灵敏的素质。小学二年级以上的学生都可参加。

踢毽子（或沙包）

踢毽子的方法很多，一人、两人或多人都可以玩。踢毽子时，用脚的内或

外侧、脚尖、脚跟都可以。踢毽子的技巧很多，当毽子踢起来下落时，可以再踢起来。如果是两个人对踢，踢出的毽子上下翻飞，非常好看。

因为做毽子的铜钱和漂亮的鸡毛不好找，而沙包简便易做，所以现在孩子们流行玩踢沙包的游戏。沙包的踢法和毽子一样。

踢毽子自古流传至今，经久不衰，是因为毽子简单易做、花费少，更重要的是，踢毽子可以自我娱乐，锻炼身体。经常踢毽子（或沙包）可以锻炼腿部肌肉，提高身体的协调性。

打 陀 螺

做这个游戏需参加者先准备陀螺和鞭子。

游戏时，先用双手握住陀螺，然后在地面用力转动陀螺，使之旋转起来；或者用鞭子把陀螺按顺时针方向缠绕起来，左手拿陀螺尖头接触地面，右手迅速按顺时针方向抽动鞭子，左手同时松开陀螺，陀螺也能旋转起来。接着，用鞭子抽打其中间部位，使之不停地旋转。

打陀螺也可以比胜负。在加足鞭后，谁的陀螺先停下来就算谁输。还可以玩"撞架"，游戏者各自将陀螺抽得飞快并向对方的陀螺撞去，谁的陀螺被撞得退去则为输，有时一方的陀螺甚至会将另一方的撞倒。

打陀螺能增强手臂的肌肉力量。

抓 子

在进行游戏前要先准备一些"子"：若干玻璃球或果核，一个内装沙子或米粒的小布包。

　　游戏时，以两三人一组为宜，参加者每人衣袋里装着"子"，大家围在一起齐声念："出，出，一大把，不出一个就出俩。"念完，大家同时从衣袋中抽出手来，张开手掌，谁掌中的子多就谁先抓，随后，将每个人手中的子归拢，撒在地上或桌子上。预先讲好是抓二还是抓三。若大家约定抓三，第一位游戏者就只能抓那些撒开后自然形成的以三个为一组的子。抓子开始，游戏者先将小布包抛向空中，待包儿未落下来时，迅速用抓好子的手接住下落的包。在抓子过程中，如果不慎碰了不该抓的子或没有接住包，则不允许其继续抓子，由下一位重新开始。如果顺利完成了抓子，抓到的子全部归自己，继续抓子至抓完自然形成的"抓三"为止，余下的子并入游戏者下一轮所出的子中。

　　这个游戏可以培养判断能力和手眼配合灵敏等素质。

步调一致

　　这个游戏在教室或走廊都可进行，开始前需要准备一根带子。

　　两人一对，并排站好，将两人靠近的腿用带子绑扎好，形成两人三条腿。

　　游戏开始后，裁判双手击掌。击掌的速度可快可慢。游戏者要步调一致，随击掌的节奏时快时慢地前进。当步调和掌声不一致时，判为失误，再换另一对游戏者进行。行走步子多的为胜利者。

　　带子要绑在膝盖处，不能太松，也不要太紧。

　　此游戏可培养反应能力和协调能力，加强团结互助的精神。

颠乒乓球

　　在教室内画两条间隔3～4米的横线，参加游戏者两人一组，每人一手握球拍，一手拿乒乓球站在横线后面。开始后，游戏者迅速将乒乓球放到拍子上，连续轻轻地颠球，使乒乓球在球拍上不断弹跳，同时往前走。当行至前方横线时，一边颠球一边原地转一圈后，再边颠球边倒退着往回走，如此反复，直至一个人失误为止。谁颠球时间长谁为优胜者。

游戏者必须按规定的路线和方法进行。行走时要不断地颠球，不能持球行走，违规者判失败。

此游戏能训练人的协调能力。

骑高脚赛

先准备好"高脚"：需长1.5～1.8米的木棍或竹竿四根，在每根的下端40厘米处安装上踏脚的跳板。

参加游戏者每两人一组，各自登上高脚准备好。比赛开始后，游戏者双方一边站在高脚上行走，一边用身体去撞对方，先落下高脚者为失败，换下一个人继续比赛，最后一个没被撞下的为胜利者。

在比赛过程中，只能用身体去撞对方或灵活躲避对方，寻找机会进攻，不允许用高脚去绊对方。这个游戏还可以用曲线竞走、双脚跳跃前进等方法进行。

这个游戏能培养人的灵活性，提高人体的协调配合能力。

跳 方 块

在平整的场上画一个棋盘式的格子，格子里填上打乱顺序的数字。

参加游戏者先分出先后顺序，从第一人开始，用单脚从1格跳至2格，再从2格跳到3格，依次跳下去。如跳到线上或跳错数字，就必须停止。轮到下次跳时，再从原跳错号处跳起。

由于格子里的号码是不规则排列的，所以，在按顺序跳时，有的距离近、容易跳，有的距离远、不全力以赴是跳不到的，跳完者不失误得1分，分两三次跳完的也得1分。最后以得分多的为优胜者。

此游戏能提高人体腿部力量，培养敏捷性、柔韧性和耐力。

推 小 车

这个游戏在教室、走廊都可进行，也不需要道具。

两人一组，力量大的当推车人，力量小的当小车。

开始时，"小车"两手撑地呈俯撑状，"推车人"两手握住"小车"两脚的踝关节，并将其两腿分开，然后抬起双脚，使其内踝贴在自己的髋骨两侧。接着，"小车"身体挺直，两手依次向前爬行。"推车人"尽量帮助"小车"维持身体平衡，并随其前进或后退。

游戏时要注意安全，当"小车"明显吃力时，应迅速将其双腿放下。

此游戏能发展上肢及腰腹部肌肉力量，培养协调配合的能力和团结互助的精神。

贴 鼻 子

准备一张人头像，挂在高1.5米左右的教室墙上。在离墙3~4米远处画一条起点线。准备纸做的鼻子一个，手帕一块。

游戏时，参加者站在起点线后，先对人头像做短时间的认真观察，然后用手帕把眼睛蒙起来，听到"开始"的口令后，手拿纸鼻子朝人头像走去，并将

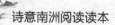

纸鼻子贴在人头像的鼻子部位。贴中记两分，得分多的为优胜者。

在游戏过程中，参加者不得打开手帕偷看。贴鼻子位置不准确不得分，大致准确得1分。

此游戏能提高人的平衡能力、协调能力、判断能力和触摸感知能力。

拔河比赛

拔河是一项古老的体育活动，产生于春秋末期，唐代时盛行，在宫廷、军队、民众中都广泛流行。宫廷拔河是为消闲解闷，取悦皇室，军队拔河是为强健体魄，民间拔河是以胜利来企盼新的一年五谷丰登、六畜兴旺、人口平安、万事如意。

拔河是用一根粗大的长绳，两伙儿人各牵一边对拉，退者胜，进者败。

我们现在的拔河一般从麻绳两边对拉比力气，大多是以群体形式出现，或男女分开进行，或男女混合进行，一般为15人一队，在1~3分钟内定胜负。

这个游戏可以锻炼人的四肢肌肉力量。

桌上"足球"

找一张方桌，用木条将四周围起来，做成"球场"。在"球场"的两个对角处，各放一个用木条做的"球门"。将乒乓球放在"球场"中间，每人准备一根饮料吸管。

游戏开始，双方都要设法用吸管吹或吸，将球攻入对方"球门"或阻止对方的球进入自己的"球门"。不论攻或守，都不能用吸管拨球。球进入甲方"球门"，乙方得1分。然后将球放回"球场"中央，由输球一方开球，游戏继续进行。如果球被吹出界外，将球放在出界处的边线上，吹球出界的对方获得一次"自由吹"的机会。一方"自由吹"时，另一方不得先吹。在规定的时间内（5~6分钟），得分多的一方获胜。

这个游戏能增强人的肺活量。

依样画葫芦

这个游戏在操场进行。

把参加游戏者分成每组10人左右的若干小组，每组选一名机灵伶俐的人当排头。

游戏开始，各组排成单行纵队，由排头带领奔跑。排头要根据操场的地形、树木、器材等，开展多种多样的活动，如绕过篮球架、越过沙坑、摸一下树干、做一个体操动作、双脚蹦跳几下……排头无论跑到哪里做什么动作，那一组的其他人都必须跟着依次做好，不得少做或绕过，而且要有连贯性。在规定时间里（7~8分钟），哪一组活动内容丰富、队形整齐、动作规范，即优胜者。

这个游戏，可以提高观察能力，养成整体协作的习惯。

抛接手帕

参加游戏者以10~30人为宜。大家在操场或平整的空地上围成一个圆圈，依次报数，每人记住自己的号数。

裁判站在圆圈中间，将一块手帕向上抛起，口中同时叫一个号数。被叫号数的人必须迅速跑进圈中，在手帕落地之前接住它交还给裁判，然后回到原来

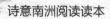

的位置上。裁判继续抛手帕叫别的号数。被叫了号数却没有接到手帕的人，要表演一个节目。如手帕一连被接住三次，裁判也要表演一个节目。

这个游戏能训练人的注意力，提高快速反应的能力。

掷球入孔

玩这个游戏前，先准备一块报纸大小的硬纸板（如包装纸盒），挖出一些大小不等的圆孔，每个圆孔的大小至少要能让乒乓球穿过。在每个圆孔的边上，标出得分数字，孔越大的得分越少，孔越小的得分越多。然后，用书或别的东西把纸板竖立好。在离纸板2～3米远处画一条横线，参加游戏者都站在线外。

游戏开始，每个人依次掷一次乒乓球。

将乒乓球掷入哪个孔中，就得那个孔所标的分数。在规定的几轮游戏后，得分最多的人获胜。

这个游戏还可以改为先将乒乓球掷在地上或桌上，让球反弹后进孔才能得分；或规定直接入孔和反弹入孔都行，但反弹入孔的得分加倍。

这个游戏能训练人的眼力和判断力。

单双追逃

此游戏在平整的空地上进行。先在场地上画两条相距2米的平行线，在平行线的两边4米远的地方，再各画一条底线。

游戏开始前，两个人猜拳定单双号，然后，两人背对背，分别站在画好了的两条平行线上。游戏开始，裁判随意出一道算术题，如："12乘以3等于几"，参加游戏的两个人马上进行心算。如果得数是双数，双号马上转身越过中间平行线追击单号。在单号向前未逃到底线前，双号拍到他的肩膀，双号获胜，得一分。如果单号在未被双号拍到肩膀前已逃到底线，单号获胜，得一分。相反，如果算题的得数是单数，则单号转身追，双号逃。谁追错或逃错了，则应给对方加一分。

玩过规定的几轮后，得分最多的人获胜。这个游戏可以训练心算能力和反应的灵敏性。

说悄悄话

这个游戏室内室外都可以玩。

先将参加游戏的人分成人数相等的几个小组，每组推选一个领头的人，大家围成一圈。

裁判确定一句稍微复杂一点的话，如"和洪梅子同桌的陈草儿是我朋友王楚的表妹"等。游戏开始前，裁判召集各组领头的人，将这句话悄悄告诉他们，不能让别的人听见。

待各组领头人回到自己的位置上，裁判宣布游戏开始，各组领头人将这句话悄悄告诉坐在右边的队友。然后各组从左到右依次悄悄传递这句话，每个人只准说一遍，直到传到最后一个人为止。

各组传完话以后，最后的一个人向大家讲出这句话。传递这句话最准确的小组获胜。

这个游戏可培养注意力和准确迅速地接受、传达信息的能力。

上岸—下河

这个游戏在教室或宽敞的走廊上进行。

先在地上画两条平行线。两条平行线之间为"河",平行线两边为"岸"。除游戏主持人外,所有参加者都站在"岸"上,也就是平行线两边。

游戏开始,主持人喊"上岸"或"下河"时,所有的人必须马上辨别清楚,跳"上岸"或跳"下河"。

主持人可以慢喊、快喊、交替喊或重复喊这两种口令,总之,要想方设法引诱玩游戏的人做出错误动作。

动作做错的人,或者主持人尚未下令就已跳出的人,退出游戏。最后留下的一个人获胜,在下一轮游戏中当主持人。

搂腰拔河

在操场上画三条相距1.5米的平行线,中间为标志线,两边为限制线。准备一根结实的短木棍。

将游戏者分成人数相等的两队,各队呈纵队站立,两队排头的队在中间标志线后相对而立,两人双手共握木棍。各队其余队员用双手搂抱住本队前一人的腰,全队连成一个整体。

游戏开始,两队齐心合力用劲往后拉,直到将对方拉过限制线为胜。

哪一队中途脱手、队伍脱节或队员摔倒均为失败。游戏以1分钟为限,到时未将对方拉过限制线,则以中点偏向方为胜。此游戏能发展全身力量,培养集体主义精神,适合小学四年级以上的学生参加。

双人蹲跳

在操场上画两条相距8～10米的平行线，一条为起点线，一条为终点线。在终点线按一定距离横向插四面小红旗。

将参加者分成人数相等的四个队，各队队员成纵队站于起点线后面，每两人一组。各队每一组队员背对背，四臂互挽，蹲在起点线后，做好准备。

裁判喊"开始"后，每一组队员迅速向终点蹲跳前进，蹲跳至终点绕过小红旗再蹲跳返回起点线后，第二组出发，依次进行，先做完的队为胜。

每组在蹲跳前进时，不能分开挽着的手臂，如果分开了，必须在原处挽好后再跳。第一组在跳过起点线后，第二组才能出发。

此游戏能提高人体下肢力量和身体的协调能力，培养同学之间团结互助的精神，适合小学四年级以上的学生。

穿插追击

参加游戏的人数不限。大家手拉手（间隔约为1米）在操场上围成一个圆圈。自愿报名或指定甲、乙两人分别担任"侦察兵"和"敌人"，在圆圈线上相隔两个人的位置站好。

游戏开始，代表"敌人"的乙迅速穿插前进。代表"侦察兵"的甲立即穿插追击。在规定的时间或跑完几圈（一般定2～3圈）内，如甲追上乙，甲为胜、乙为败，否则甲为败，败者表演一个小节目，然后游戏继续进行。

甲追乙时，只能从人与人的间隙逐个穿插前进，不准一次超过2人和拉撞他人，而站在圆圈上的人拉着的手不能放下。

这个游戏能训练人的灵敏性。

巧捉"蜻蜓"

在操场上画一个直径为10米的大圆圈。参加人数以不超过十人为宜。两名"捉蜻蜓者"站在圆圈中央，双手相拉，形成一个圆环。

其他参加游戏的人分散在圆圈内，扮作"蜻蜓"。

游戏开始，扮作"蜻蜓"的人在圆圈内自由活动。不停地边跑边用双手模仿蜻蜓上下扇动翅膀的动作。两个"捉蜻蜓者"齐心协力用手环去网"蜻蜓"（由头顶向下将"蜻蜓"套住）。扮作"蜻蜓"的人要尽量躲闪。被捉住的"蜻蜓"则退到圈外。当"捉蜻蜓者"捉住三只"蜻蜓"时，换一对人再做"捉蜻蜓者"，游戏继续进行。

这个游戏能培养人的灵敏性和协调性。

勇闯下三关

这个游戏可在操场上进行，准备三根3~5米长的跳绳，参加人数不限。

游戏者两人一组，成两路纵队站立。另有三对甩绳人，保持一定距离，按同一个节奏摇动长绳，不得任意变换节奏。

游戏开始，每组的两人手拉手跑过甩动的三根长绳。顺利过三关的为胜，碰绳者与甩绳人互换。

此游戏能培养目测能力和提高人的灵敏素质，适合小学各年级学生尤其是女学生参加。

跳跃过"河"

在操场上画一条起点线。在离起点线15米处平行放置四个标志物。第一个与第二个相隔2米。在起点线与标志物之间，再平行画两条相隔8米的线作为"河流"。准备铁环或藤圈8只。参加人数以16～20人为宜，分为人数相等的四个队，排在起点线后面。各队的排头者手拿两只圈站在起点线上。游戏开始，各队排头者跑到河岸边，把一只铁环或藤圈投放到自己跳跃能力所能及的"河"内，然后单腿跳进圈内，移动脚步至圈前沿，弯身将手中之圈尽可能平放在前面地上，起身跳进前圈，再返身将后面之圈拾起移放在前面。这样再跳、再放，直至到达岸边，携双圈绕过标志物，返回河边如前法再次摆渡过河，携双圈跑回本队交第二人接着做。这样依次进行，先完成的队获胜。

这个游戏能训练弹跳能力，增强同学之间的团结合作精神。

找 顶 针

准备一根长绳子，上面穿一个顶针，然后将绳子两端接在一起。绳子的接头不要太大，要能让顶针穿过。一个人站在中间，其余的人围着他，双手抓住绳子站成一圈，其中一个人手里握着顶针。

游戏开始，站成圈的人用双手移动绳子。与此同时，顶针也随着移动，但移动顶针时，不要让站在圈内的人看到，还可以做假动作迷惑他。绳子移动一段时间后，圈中的人喊"停"，圈上的人马上停止移动绳子。这时，圈中的人应判断谁手里握着顶针。当他认为有把握时，可以拍一下某人握着顶针的那只手。被拍的人应张开被拍的手，如果他这只手中确实握着顶针，则被拍手

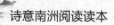

的人与圈中的人换位，游戏重新开始。如果圈中的人判断错了，则游戏重复进行。

此游戏适合小学低年级的学生参加，能训练观察判断能力。

顶书游戏

这个游戏可配着轻快、优美的音乐，在教室或走廊、操场进行，参加人数不限。

首先，发给每个参加者一本厚薄、大小大致相同的书。

音乐响起，游戏开始，大家用头顶着书，在规定的场地内自由走动。

走动时，不能用手扶着书，或者用手触摸书，谁的手摸了书就算失败，退出游戏。音乐突然停止时，每个人都必须马上单膝跪下，谁的书掉下来了，也算失败，退出游戏。音乐再响时，大家站起来继续走动。

游戏如此反复进行，失败的人不断被淘汰，最后留下的一个人获胜。

此游戏能训练人的平衡能力和身体各部分的协调性，适合小学各年级学生。

连字造句

先将玩游戏的人分成人数相等的几队，各队都在离黑板约10米的白线后站成纵队，再发给各队第一人一支粉笔。

游戏开始，各队第一人跑向黑板，在黑板上任意写一个字，然后跑回原队，把粉笔交给第二个人，再站到队尾去。第二个人接到粉笔后，跑向黑板，在第一个字后加写一个字，再跑回原队，把粉笔交给第三个人，自己跑到队尾去……直到各队每个人都写一个字为止。各队写在黑板上的字，连起来应是一个完整的句子，各队的句子必须各不相同。所有的人不得事先商量或选择句子。

这个游戏能训练人的反应能力和组词、造句的能力。

急摸耳鼻

此游戏就在教室的座位上进行。

参加游戏者坐在自己的座位上，右手摸鼻子，左手经右臂外侧摸右耳，听到裁判口令时，立即改用左手摸鼻子，右手经左臂外侧摸左耳。如果动作做对的话，得1分，做错不得分，在规定时间里（3~4分钟）谁得分最多为胜。

这个游戏可以提高肩、肘关节的灵活性，训练灵敏快速的反应能力，适合小学各年级学生。